Besprechungen

effektiv und effizient

Anita Bischof

Dr. Klaus Bischof

4. Auflage

Haufe

Bibliografische Information der deutschen Bibliothek
Die Deutsche Bibliothek verzeichnet diese Publikation in der Deutschen Nationalbibliografie; detaillierte bibliografische Daten sind im Internet über http://dnb.ddb.de abrufbar.

ISBN 978-3-448-08206-7
Bestell-Nr. 00666-0004

1. Auflage 1997 (ISBN 3-86027-170-9)
2., aktualisierte Auflage 2002 (ISBN 3-448-05139-X)
3., aktualisierte Auflage 2005 (ISBN 3-448-06900-0)
4., aktualisierte Auflage 2008

Postanschrift: Postfach, 82142 Planegg
Hausanschrift: Fraunhoferstraße 5, 82152 Planegg
Fon (089) 89517-0, Fax (089) 89517-250
E-Mail: online@haufe.de
Internet: www.haufe.de
Lektorat: Dr. Harald Henzler; Claudia Nöllke, Textbüro Nöllke
Redaktion: Jürgen Fischer
Redaktionsassistenz: Christine Rüber

Satz + Layout: Albin Fendt S6-media, 82152 Planegg
Umschlaggestaltung: Agentur Buttgereit & Heidenreich, 45721 Haltern am See
BAASKE CARTOONS, 79379 Müllheim: Oswald Huber
Druck: freiburger graphische betriebe, 79108 Freiburg

Zur Herstellung der Bücher wird nur alterungsbeständiges Papier verwendet

TaschenGuides – alles, was Sie wissen müssen

Für alle, die wenig Zeit haben und erfahren wollen, worauf es ankommt. Für Einsteiger und für Profis, die ihre Kenntnisse rasch auffrischen wollen.

Sie sparen Zeit und können das Wissen effizient umsetzen:

Kompetente Autoren erklären jedes Thema aktuell, leicht verständlich und praxisnah.

In der Gliederung finden Sie die wichtigsten Fragen und Probleme aus der Praxis.

Das übersichtliche Layout ermöglicht es Ihnen sich rasch zu orientieren.

Anleitungen „Schritt für Schritt", Checklisten und hilfreiche Tipps bieten Ihnen das nötige Werkzeug für Ihre Arbeit.

Als Schnelleinstieg die geeignete Arbeitsbasis für Gruppen in Organisationen und Betrieben.

Ihre Meinung interessiert uns! Mailen Sie einfach unter online@haufe.de an die TaschenGuide-Redaktion. Wir freuen uns auf Ihre Anregungen.

Inhalt

6 ■ **Vorwort**

7 ■ **Wie Sie Besprechungen vorbereiten**
7 ■ Ist das Meeting notwendig?
13 ■ Zeit ist Geld
20 ■ Formulieren Sie Ziele!
25 ■ Jede Besprechung ist anders
33 ■ Wer soll teilnehmen?
37 ■ Stimmt die Gruppengröße?
38 ■ Die Tagesordnung
44 ■ Check-up für die Vorbereitung

49 ■ **Wie Sie Besprechungen durchführen**
49 ■ Ihre Aufgaben als Moderator
58 ■ Zeit und Effizienz gewinnen
60 ■ Konflikte sind positiv
67 ■ Schwierige Teilnehmer
71 ■ Wer fragt, lenkt
73 ■ Das Brainstorming
76 ■ Test: Wie gut habe ich moderiert?

Wie Sie Besprechungen nacharbeiten ■ 78
Wozu ein Protokoll? ■ 78
Checkliste für Ihr Protokoll ■ 81

Kommunikation – Basis für erfolgreiche Besprechungen ■ 85
Was ist das? ■ 85
Wie funktioniert Kommunikation? ■ 87
Die vier Ebenen der Kommunikation ■ 91
Die nonverbale Kommunikation ■ 94
Was leistet die nonverbale Kommunikation? ■ 101
Kommunikationssperren ■ 103
Liste der häufigsten Kommunikationssperren ■ 106
Wie Sie Ihr Verhalten bei Gesprächen verbessern können ■ 112
„Türöffner" – oder wie Sie Kommunikationssperren vermeiden ■ 115

Stichwortverzeichnis ■ 119

Vorwort

Wir alle haben sie schon erlitten: diese endlosen Meetings mit den zermürbenden Grundsatzdiskussionen und zähen, fruchtlosen Verhandlungen. Wie oft kehren wir nach solchen Marathonsitzungen erschöpft an unsere beladenen Schreibtische zurück und fragen uns: Was hat diese Besprechung eigentlich gebracht?

Verständlich, dass Sie endlich wissen wollen, wie Sie Ihre nächste Besprechung zielorientiert und effektiv führen. Wir helfen Ihnen dabei: Schritt für Schritt, mit vielen praktischen Tipps und Checklisten für Ihre Arbeit als Moderator. Sie werden sehen: Die nächste Sitzung verlassen Sie mit handfesten Ergebnissen und dem guten Gefühl, Ihre Zeit sinnvoll genutzt zu haben!

Anita Bischof und Dr. Klaus Bischof

Wie Sie Besprechungen vorbereiten

Ist das Meeting notwendig?

Bevor Sie eine Besprechung einberufen und Mitarbeiter von ihrer Arbeit fernhalten, sollten Sie sich eines fragen: Ist das Meeting überhaupt notwendig? Prüfen Sie immer erst die Voraussetzungen für eine Besprechung! Möglicherweise zeigt sich, dass Sie überflüssig ist und Probleme auf anderem Wege schneller zu lösen sind.

Wie treffe ich die richtige Entscheidung?

Anhand des folgenden Fragenkatalogs überprüfen Sie, ob die Besprechung das geeignete Instrument ist, Ihre Schwierigkeiten zu lösen.

Wer sich als Besprechungsleiter immer wieder gewissenhaft die Frage nach der Notwendigkeit einer Besprechung stellt und ehrlich beantwortet,

- verhindert, dass aus diesem Führungsinstrument ein Folterinstrument wird,
- vermeidet Zeitverschwendung,
- bezieht die Beteiligten in eine aktive Verbesserung der Besprechung ein,
- fördert die Effizienz seiner eigenen Führungsinstrumente.

Beantworten Sie sich folgende Fragen:

- Rechtfertigen die anstehenden Aufgaben den Aufwand?
- Sind die Probleme für die ausgewählte Hierarchiestufe relevant?
- Betrifft das Problem alle Teilnehmer?
- Könnte ein Einzelner das Problem durch einige gezielte Rückfragen alleine lösen?
- Kann die einberufene Gruppe das anstehende Problem unvorbereitet lösen? Dabei gilt es zu bedenken: Eine fruchtbare Diskussion kann nur zwischen Mitarbeitern entstehen, die vorher, jeder für sich, das Problem sorgfältig durchdacht haben. Teamarbeit ist gut, die Kombination mehrerer unausgereifter und konfuser Vorstellungen bringt jedoch kein klares Ergebnis.
- Ist die Besprechung überhaupt der vernünftigste Weg, Konflikte zu lösen? Welche Prozesse sind anzustreben, damit bei Konflikten ein Konsens erzielt wird?
- Steht genügend Zeit für eine strukturierte Besprechung zur Verfügung?
- Können alle Beteiligten einen Nutzen aus der Besprechung ziehen?
- Wäre eine schriftliche Information aller Teilnehmer rationeller?
- Kann eine Gruppe das anstehende Probleme wirklich besser lösen als ein Einzelner oder ein sehr kleines Team?
- Sind Sie bei der Lösung des Problems auf Spezialisten und verschiedene Fähigkeiten angewiesen?
- Ist es für eine anstehende Entscheidung sehr wichtig, die Meinung anderer einzuholen?

- Verbessert das Sammeln von vielen Ideen die Qualität der Entscheidung?
- Ist es wichtig, dass die Entscheidung von vielen verstanden und getragen wird?
- Sind die Teilnehmer selbstständig genug, notwendige Entscheidungen selbst zu fällen?

Sind Sie, obwohl Sie alle Fragen beantwortet haben, noch immer im Zweifel? Dann empfehlen wir Ihnen, die Besprechung auf jeden Fall anzusetzen, wenn

- eine Entscheidung die Urteilskraft mehrerer Personen erfordert und bloßes Abwägen oder ruhiges Überlegen nicht ausreicht um die Entscheidung zu fällen
- das Sammeln von Ideen die Qualität der Entscheidung verbessern kann
- die Akzeptanz der Entscheidung durch die Besprechungsteilnehmer von größter Bedeutung ist
- vielschichtige Probleme verschiedenste Fähigkeiten oder sogar Spezialisten erfordern
- die Ausführenden selbstständig genug sind notwendige Entscheidungen selbst zu fällen
- Sie Ihre eigenen Annahmen für die Durchführung von Besprechungen überprüft haben
- oder wenn?...
  Hier entscheiden Sie selbst!

Falls Mitarbeiter auf Sie zukommen und darum bitten eine Besprechung durchzuführen, so nehmen Sie diese Bitte grundsätzlich ernst. Als Führungskraft ist es wichtig zu wissen, wo Mitarbeitern der Schuh drückt.

Was leistet ein Flugplan?

Es gibt eine weitere Möglichkeit überflüssige Besprechungen zu eliminieren: den Flugplan. Bei diesem einfachen Kommunikationsmedium handelt es sich um eine große Korkplatte, auf der die Mitarbeiter über den Ist-Zustand verschiedener, parallel laufender Projekte und die dabei auftauchenden Probleme informieren. Der Flugplan

- fördert schnelle und unbürokratische Problemlösungen im Team: Mitarbeiter sehen auf einen Blick, bei welchen Projekten im Unternehmen Probleme auftauchen und können sofort Hilfe leisten. Natürlich kann jemand vortäuschen, dass er sehr viel zu tun hat, um sich nicht um die Probleme anderer kümmern zu müssen. Aber wer sich ständig zurückhält, obwohl er durch den Flugplan über mögliche Schwierigkeiten der Kollegen informiert wird, fällt schnell auf und kann auf sein Verhalten angesprochen werden. Der Flugplan fördert also auch ein partnerschaftliches Geben und Nehmen.
- hilft Besprechungszeit zu sparen. Es kann nicht in jeder Sitzung die gesamte Projektpalette aller Mitarbeiter besprochen werden. Deshalb bleiben die Sitzungen dann für jene Projekte reserviert, an denen alle oder zumindest die meisten mitarbeiten, und jenen Problemstellungen vorbehalten, bei denen die Unterstützung und Hilfe projektfremder Mitarbeiter gewünscht wird.
- informiert die Führungskraft über den Stand der Dinge.
- verbessert den Informationsaustausch im Unternehmen. Die Mitarbeiter aller Abteilungen sind jederzeit über den aktuellen Stand der Projekte im Bilde.
- ist ein ausgezeichnetes Kontrollinstrument für die Füh-

rungskraft. Macht ein Projekt keine Fortschritte, setzt sie sich unverzüglich mit der dafür verantwortlichen Projektgruppe in Verbindung, kann ermutigen, Hilfestellung geben oder auch Kritik üben. Der Flugplan verstärkt somit den Kontakt zwischen Vorgesetzten und Mitarbeitern.

- ermuntert zu Kommentaren. Projektpiloten, deren Projekt erfolgreich gelandet ist, sollten nicht sofort ihre Karte entfernen. So können andere Mitarbeiter Glückwünsche darauf notieren wie „gut gemacht!" oder „weiter so!".

Wie erstellt man einen Flugplan?

1 Besorgen Sie eine Korkplatte (1 m x 2 m), schreiben Sie „Flugplan" als Überschrift darauf.

2 Legen Sie darunter fünf Spalten an. Von links nach rechts lauten die Überschriften für die Spalten: „Fertig zum Start", „fliegt", „Schwierigkeiten", „SOS", „sicher gelandet".

3 Lassen Sie für die verschiedenen Projekte verschiedenfarbige Projektkarten anlegen. Stellen Sie ausreichend viele Karten rechts neben dem Flugplan zur Verfügung.

4 Hängen Sie den Flugplan gut sichtbar an einem Ort auf, der von den Mitarbeitern häufig frequentiert wird (z. B. neben dem Kaffeeautomaten, in der Kantine etc.).

Flugplan				
Fertig zum Start	fliegt	Schwierigkeiten	SOS	sicher gelandet

Der Flugplan gibt den Ist-Zustand verschiedener, parallel laufender Projekte wieder.

Projekt: ______________________________	
Projektpilot: __________________	Ende bis: __________________
Abteilung: __________________	Telefon: __________________

Projektkarten für den Flugplan

Wie führt man den Flugplan?

Sobald Sie einen Mitarbeiter mit einem Projekt betraut haben, füllt er eine Projektkarte aus und heftet sie an die Stelle „fertig zum Start". Hat der Mitarbeiter mit der Arbeit an dem Projekt begonnen, heftet er die Karte in die Spalte „fliegt". Ist das Projekt abgeschlossen, bringt er die Karte in der letzten Spalte unter „sicher gelandet" an.

Tauchen jedoch Schwierigkeiten auf, so befestigt er sie unter „SOS" und notiert auf einer weiteren Karte unter der Spalte „Schwierigkeiten", um welche Probleme es sich handelt.

Zeit ist Geld

Zeitmanagement spielt bei der Vorbereitung und Durchführung von Besprechungen eine entscheidende Rolle. Ihre Zeit und die Ihrer Mitarbeiter ist ein begrenztes Kapital, das Sie nur bei zielgerichteter, systematisch strukturierter Planung nicht verschwenden. Die Herausforderung besteht darin, plan- und vorhersehbare Dinge in Angriff zu nehmen und nicht kopflos alles dem Zufall zu überlassen. Denken Sie daran:

- Zeit ist eine Ressource, die immer knapper wird.
- Die Ihnen zur Verfügung stehende Zeit ist ein Führungskapital. Sie können sie bei rationeller Einteilung dazu nutzen, konkrete Ergebnisse und kreative Fortschritte zu erzielen. Sie können die Zeit aber auch dazu missbrauchen, sich und andere von der Lösung der wichtigen Aufgaben abzuhalten.
- Wer sinnvoll mit Besprechungszeit umgeht, gewinnt für sich und seine Mitarbeiter mehr Zeit für andere Aufgaben.
- Verschwendete Zeit geht zulasten Ihrer Freizeit, denn Sie müssen Liegengebliebenes nachholen.

Wie manage ich kostbare Zeit?

Hier einige Tipps, wie Sie mit der Besprechungszeit effizient umgehen. Nehmen Sie sich für den Anfang nicht alles auf einmal vor.

1 *Störungszeiten umgehen*

Untersuchungen über die häufigsten Störungen am Arbeitsplatz zeigen, dass diese zwischen 10 und 12 sowie 14 und 17

Uhr liegen. Planen Sie Besprechungen so, dass Sie nicht gestört werden. Sie können sich die „unruhigen" Zeiten auch zunutze machen, indem Sie die Besprechungen so terminieren, dass sie Ihre effizienteste Arbeitszeit nicht übermäßig beanspruchen.

2 *Natürliche Grenzen setzen*

Setzen Sie Besprechungen so an, dass sie ihre natürliche Grenze am Ende der allgemeinen Arbeitszeit finden. So halten Sie den Zeitaufwand unter Kontrolle. Manche Führungskräfte planen Besprechungen zu ganz bestimmten Terminen ihrer Mitarbeiter: etwa um 11.30 Uhr, weil Sie wissen, dass der Mitarbeiter dann zum Essen gehen will.

3 *3-Minuten-Regel beachten*

Hängen Sie eine große Uhr auf. Kündigen Sie an, dass jeder Mitarbeiter nur drei Minuten Zeit hat, seine Meinung oder ein Referat vorzutragen. So hat nicht nur jeder Teilnehmer dieselbe Chance sich zu äußern, er kommt auch schneller zum Punkt. Natürlich können Sie auch eine 2-Minuten- oder 5-Minuten-Regel aufstellen. Wichtig ist nur, dass Sie sich auch wirklich daran halten! Der auffällige Blick zur Uhr wirkt im Übrigen ebenfalls disziplinierend.

4 *Für vorbereitete Teilnehmer sorgen*

Als Besprechungsleiter achten Sie darauf, dass sich alle Teilnehmer gut vorbereiten. Fehlen dennoch Unterlagen oder wissen Teilnehmer über bestimmte Punkte nicht Bescheid, über die alle bereits vorher informiert wurden, so unterbrechen Sie die Besprechung oder beenden Sie sie sogar.

5 *Besprechungen am Ende der Arbeitszeit ansetzen*

Eine Besprechung ist nach Möglichkeit nicht nach 16.00 Uhr anzusetzen und spätestens bis zum Ende der Arbeitszeit abzuschließen. Bei vielen Mitarbeitern wirkt die Aussicht auf einen verkürzten Feierabend nicht gerade motivierend. Es ist ihnen dann sowieso egal, wann Schluss ist.

6 *Konfliktgespräche koordinieren*

Bei Konfliktgesprächen legen Sie den Termin so, dass für beide Parteien genügend Zeit zur Problemlösung bleibt.

7 *60:20:20-Regel beachten*

Diese Regel spiegelt einen Erfahrungswert aus der allgemeinen Zeitplanung wider. Die Regel empfiehlt:

- 60 % der Zeit für dringende, wichtige Aufgaben fest zu verplanen. Dazu gehören bestimmte Routineangelegenheiten, Stellungnahmen der Teilnehmer, ein Bericht über die aktuelle Situation in bestimmten Geschäftsbereichen oder auch die mögliche Änderung der Tagesordnungspunkte.
- 20 % der Zeit variabel zu lassen: für nicht vorhersehbare Themen, aktuell aufkommende Besprechungspunkte, die nicht verschoben werden dürfen.
- 20 % der Zeit für soziale Aktivitäten zu reservieren: große und kleine Pausen, Gespräche, Mittagessen. Der soziale Aspekt und der schnelle, unbürokratische Informationsaustausch bei Besprechungen ist nicht zu unterschätzen! In den Pausen kann außerdem so mancher Punkt bereits erledigt und Zielsetzungen überprüft werden. Darüber hinaus sind Pausen gerade für Führungskräfte wichtig, da sie hier den persönlichen Kontakt zu den Mitarbeitern intensivieren können.

8 *Pausen einlegen*

Der Leiter achtet auf die genaue Planung und Einhaltung der Pausen. Nach 45 Minuten sind nur noch etwa 75 % der Leistungsfähigkeit vorhanden! Schon fünf Minuten genügen um die Konzentration wieder zu erhöhen.

9 *Zeitaufwand einschätzen*

Wenn Sie einen Punkt aufnehmen, schätzen Sie gleich den Zeitaufwand mit ein! Es zeigt sich immer wieder: Sobald man eine Aufgabe formuliert, hat man noch den besten Überblick über den Aufwand.

10 *Zeitplanbuch anlegen*

Legen Sie sich ein Zeitplanbuch zu und führen Sie es sorgfältig. Planen Sie die Besprechung mit einer Jahresübersicht und nicht erst kurz vorher. Entscheiden Sie persönlich, welche Termine Ihre Sekretärin vergeben soll. Achten Sie bei Ihrer Zeitplanung auf Ihre Bedürfnisse. Kein anderer übernimmt das für Sie!

11 *Sprechzeiten einrichten*

Richten Sie persönliche Sprechzeiten ein. Viele Punkte, die sonst die Zeit mehrerer Teilnehmer einer Besprechung in Anspruch nehmen würden, können so von vornherein erledigt werden.

12 *Besprechungen vermeiden*

Überlegen Sie, wie Sie die Anzahl zeitraubender, überflüssiger Besprechungen verringern können. Ermutigen Sie Ihre Mitarbeiter dazu, das Telefon oder schriftliche Mitteilungen zu verwenden, wenn keine persönliche Kommunikation notwendig ist.

13 *Problemlösungen anregen*

Fordern Sie Ihre Mitarbeiter vor jeder Besprechung auf, für anstehende Probleme schriftlich zwei Lösungen zu formulieren. Viele Anfragen und Besprechungspunkte erübrigen sich auf diese Weise.

14 *Moderatoren beobachten*

Beoabachten Sie, wie andere Moderatoren Besprechungen leiten und wie sie sich innerhalb eines Zeitplanes verhalten. Lernen Sie daraus!

15 *Themenplan erstellen*

Fassen Sie die zu erwartenden Besprechungsthemen zusammen und lassen Sie die Liste Ihren Mitarbeitern vor Beginn des Gesprächs zukommen.

16 *Zeitdruck nutzen*

Wenn Sie kurz vor einer Besprechung sind und plötzlich jemand mit Fragen oder Problemen in Ihr Büro schneit, lassen Sie sich von ihm bis zum Besprechungsort begleiten. Das zwingt ihn sich kurz zu fassen und die Unterhaltung vor Erreichen des Besprechungszimmers abzuschließen. Natürlich können Sie oder der Mitarbeiter auch einen Gesprächstermin vereinbaren.

17 *Besprechungen außerhalb des eigenen Büros führen*

Lassen Sie den Mitarbeiter, der um eine kurze Besprechung bittet, nicht in Ihr Büro kommen. Besuchen Sie ihn! Sie können dann das Ende des Gesprächs leichter bestimmen, weil Sie es sind, der geht.

18 *Besprechungen festlegen*

Legen Sie Besprechungen so früh wie möglich fest, vor allem, wenn sie sich wiederholen. Je weiter im Voraus geplant wird, desto besser können die Termine von den Mitarbeitern eingeplant werden.

19 *Notwendigkeit überprüfen*

Überzeugen Sie sich davon, dass die Besprechung der einzige und effektivste Weg ist, die gewünschten Ergebnisse zu erzielen. Besprechungen sind zeit- und kostenintensiv!

20 *Zeitdauer festlegen*

Eine feste Sitzungsdauer hat den Vorteil, dass alle Teilnehmer sie einplanen können, ebenso die Zeit danach. Ausschweifende Redner lassen sich unter Hinweis auf den Zeitplan besser unter Kontrolle halten.

21 *Schriftlich planen*

Planen Sie immer schriftlich und lassen Sie den Teilnehmern die vereinbarten Termine auf einer Liste zukommen. Nur was schriftlich fixiert ist, bleibt überschaubar. Bestimmen Sie auch sofort den Zeitbedarf für jeden aufgestellten Punkt.

22 *Stimmen Sie sich ab*

Stimmen Sie den Zeitplan mit den Beteiligten ab. Sollten nicht alle Teilnehmer zu allen Besprechungspunkten anwesend sein müssen, planen Sie gemeinsam die Präsenzzeiten.

23 *Listen und Übersichten anlegen*

Legen Sie Listen für alles an, was Ihre Besprechungsplanung betrifft. So behalten Sie den Überblick und erkennen mögliche, damit verbundene Störfaktoren. Sie können z. B. eine Themenliste, Monatsliste, Prioritätenliste, Terminliste oder eine Informationsliste anlegen.

24 *In Zeitabschnitten planen*

Planen Sie überschaubare Zeitabschnitte (ggf. nehmen Sie eine Untergliederung des Themas in mehrere Unterpunkte vor). Vermeiden Sie zu knapp bemessene Zeitabschnitte. Schließen Sie mögliche Pufferzeiten ein.

25 *Besprechungen bündeln*

Beachten Sie hier gleich mehrere Punkte:

- Fassen Sie gleichartige Besprechungspunkte zusammen.
- Bündeln Sie kleinere Besprechungspunkte, die sich keinem der schon bestehenden Tagesordnungspunkte zuordnen lassen. Wenn Sie welche erhalten, schreiben Sie sie sofort auf. Anschließend gruppieren Sie diese wie Sie wollen. Wenn Sie dann mehrere gesammelt haben und in Ihrem Besprechungsplan ein „Loch" entsteht, erledigen Sie diese kleinen und kleinsten Aufgaben in einem Block. Streichen Sie die kleinen Punkte auf der Liste als erledigt durch.
- Vergleichen Sie die bereits benötigte Zeit mit der noch zur Verfügung stehenden. Eliminieren Sie bei Zeitnot Punkte mit niedriger Priorität. Prüfen Sie dabei, ob Sie oder ein anderer Teilnehmer die anderen möglicherweise mit seinem Lieblingsthema langweilt.
- Um von einem technischen Problem auf ein soziales umzusteigen, braucht es eine gewisse Zeit zum Umschalten. Vermeiden Sie zu viele solcher Zeiten, sie sind „Leistungsfresser".

- Vermeiden Sie unnötige Leerzeiten zwischen einzelnen Besprechungen. Doch lassen Sie sich dazwischen genügend Zeit für die Vorbereitung.

26 *Wählen Sie den richtigen Ort*

Er sollte allen Anforderungen entsprechen und für die Teilnehmer auf kürzestem Wege zu erreichen sein. Lange Autofahrten sind verschwendete Zeit.

Formulieren Sie Ziele!

Einer der wichtigsten Schritte bei der Vorbereitung von Besprechungen ist die sorgfältige Formulierung der Ziele. Doch was sind Ziele eigentlich? Wir machen immer wieder die Erfahrung, dass die Definitionen sehr unterschiedlich ausfallen. Die einen verstehen unter Zielen zukünftige Absichten oder Visionen. Pragmatiker meinen hingegen konkrete Ergebnisse und Messbares. Wieder andere sprechen von Zielen als Methoden oder Vorgehensweisen, mit deren Hilfe man etwas erreicht. Jedenfalls zeigt die Praxis, dass wir eine einfache und für alle verständliche Definition brauchen, damit kein begrifflicher Wirrwarr entsteht:

Mit der Zielformulierung stellen wir dar,

- weshalb etwas Bestimmtes,
- auf welche Weise,
- mit welchem messbaren Ergebnis,
- bis wann erreicht werden soll.

Was erreichen wir mit der Zielformulierung?

- Klarheit und Berechenbarkeit. Wer dieses Instrument einsetzt erkennt erst, wie schwierig es ist präzise und klar zu formulieren. Das ist aber wichtig.
- Die Zielformulierung ist ein Dokument, das später herangezogen werden kann, um Vereinbartes und Erreichtes miteinander zu vergleichen. Manche Führungskräfte und Mitarbeiter strengen sich übrigens sehr an, die Zielformulierung möglichst unklar zu lassen. Dann können sie später nicht an ihren eigenen Zielen gemessen werden.
- Die Zielformulierung steigert Ihre Führungseffektivität. Sie zwingt Sie dazu, dort Unterstützung zu geben, wo sie gebraucht wird. Andererseits entlastet es Sie von Aufgaben, die andere viel besser können.
- Ziele führen zu brauchbaren Ergebnissen.
- Sie haben den Kopf frei für das Wesentliche und stärken die eigene Verhandlungsposition.
- Sie sind auf Absehbares vorbereitet.
- Alle für die Zielerreichung wichtigen Informationen haben Sie zusammengetragen.
- Verwirrspielen des Gesprächspartners begegnen Sie leichter, weil der rote Faden festliegt.

Welcher Art sind die Ziele?

Wir unterscheiden zwei Arten von Zielen: Mussziele, die wir in einer Besprechung unbedingt erreichen müssen, und Negativziele. Mit Negativzielen bezeichnen wir Problemlösungen, die Sie oder Ihre Gesprächspartner vermeiden wollen. Indem die Teilnehmer von vornherein klarstellen, welche Lösungen sie auf keinen Fall wünschen, umgeht man das für Besprechungen typische aneinander vorbeireden.

Wann setzen Sie Zielformulierungen ein?

Sie setzen die Zielformulierung immer ein, wenn eine klare und verbindliche Absichtserklärung notwendig wird, z. B.

- bei persönlichen Abmachungen
- bei Aktionen mit verschiedenen Personen
- bei Fördergesprächen und den zyklischen Zielvereinbarungen mit Mitarbeitern
- bei Aufgabenstellungen an Mitarbeiter
- bei problematischen Mitarbeitern, mit denen Sie ganz spezifische zusätzliche Ziele vereinbaren, um die Bereitschaft zur Mitarbeit zu klären. Dies gilt z. B. für Mitarbeiter mit Alkoholproblemen, bei Leistungsabfall oder Abmahnungen
- bei Neueinstellungen für die Probezeit und die daran anschließenden Zeitabschnitte
- gegenüber Vorgesetzten, bevor und wenn Sie selbst eine neue Funktion übernehmen
- bei Abmachungen mit dem Vorgesetzten
- bei Kundengesprächen
- bei Mitarbeitern, die Sie übernehmen (bevor Sie dies tun)

Wie gehen Sie vor?

1. Bereiten Sie jede Besprechung mithilfe des folgenden Arbeitsblattes zur Zielformulierung vor.

2. Beantworten Sie die Fragen nach Möglichkeit schriftlich. Reservieren Sie sich dazu Zeit.

3. Händigen Sie dieses Blatt spätestens bei Beginn der Besprechung Ihren Gesprächspartnern aus. Fragen Sie, ob weitere Punkte wichtig sind.

4. Sammeln Sie Ihre Zielformulierungen. Sie werden bestimmte Inhalte immer wieder verwenden können.

Zielformulierung für mein Gespräch zum Thema ______________________

Teilnehmer: ________________

Datum/Ort: ________________ Sonstiges: __________

1 Was ist mein Hauptziel?

____

2 Welche Punkte könnten/müssen zur Sprache kommen?

____

3 Welche Entscheidungen könnten/müssen getroffen werden?

____

4 Was muss ich erreichen?

____

5 Was muss ich vermeiden?

____

6 Was muss mein Gesprächspartner erreichen?

____

7 Was muss mein Gesprächspartner vermeiden?

____

8 Welche Ziele decken sich?

____

9 Wo liegen unsere möglichen Zielkonflikte?

____

10 Wo fehlen noch Informationen?

____

Jede Besprechung ist anders

Besprechungen variieren in ihrer Zielsetzung. Aufgrund dieser Zielsetzung definieren wir den Besprechungstyp. Häufig entsteht Frustration dann, wenn weder den Mitarbeitern noch den Leitern klar ist, welcher Besprechungstyp angesetzt wurde. Stellen Sie sich vor, ein Teilnehmer erscheint zu einem Meeting in der Annahme, seine Meinung sei gefragt, dabei wollen Sie ihn lediglich über eine bereits getroffene Entscheidung informieren. Um Missverständnissen und Ärger vorzubeugen, sollten Sie daher immer erst herausfinden, welchen Besprechungstyp sie ansetzen möchten, und im zweiten Schritt ihre Mitarbeiter darüber informieren.
Gerade in den mittleren Führungsebenen wird vielfach über mangelnde Vorbereitungsmöglichkeiten für Besprechungen geklagt. Meist versäumt man, im Voraus über den geplanten Besprechungstyp zu informieren. Das Wissen desjenigen, der die Besprechung einberuft, dringt nicht bis zu den Teilnehmern durch. Gelegentlich wird auch bewusst mit fehlender oder unzureichender Information operiert. Der Mitarbeiter wird absichtlich im Unklaren gelassen, damit der Vorgesetzte nicht oder nur schwer angreifbar ist.

Warum ist es so wichtig, den Besprechungstyp festzulegen?

Für die Teilnehmer

- Sind diese kaum oder gar nicht über die Besprechung orientiert, kann das zu vornehmer Zurückhaltung oder zu fehlender Motivation bei dieser und den nächsten Besprechungen führen.

- Es ist viel leichter die auf einer Besprechung vereinbarten Aktivitäten später umzusetzen, wenn die am Meeting Beteiligten die notwendigen Maßnahmen verstehen und innerlich nachvollziehen.
- Will jemand mit Ihnen unter vier Augen etwas klären, erhält er durch die Ankündigung der Besprechung Gelegenheit, dies zu tun. Er kann für das Gespräch seine Themen zusammenstellen.

Für Sie als Leiter

- Sie arbeiten konzentrierter, wenn Sie sich selbst über den Besprechungstyp klar geworden sind.
- Sie steigern die Leistungsbereitschaft der Teilnehmer. Diese melden früher Bedürfnisse an und klären für sich, welche Rolle sie innerhalb des Meetings übernehmen.
- Während der Besprechung können Sie leichter auf das Ziel und die Art der Aufgabe verweisen. So müssen Sie nicht lange argumentieren, wozu die Besprechung und das mögliche Ergebnis dienen.

Welche Besprechung plane ich?

Grundsätzlich ist zwischen Besprechungen zur Information und Besprechungen zur Problemlösung zu unterscheiden.

Informative Besprechungen

zielen darauf ab, Wissensdefizite von Mitarbeitern zu beheben. Die Besprechungen werden durchgeführt, um über innerbetriebliche oder abteilungsinterne Veränderungen, den

Stand von bestimmten Projekten, Kundenbeziehungen und über strategische Inhalte oder auch neue Produkte zu berichten. Reine Informationsbesprechungen brauchen nicht in ihrer Teilnehmerzahl beschränkt werden. Informationsveranstaltungen können vom Vorgesetzten oder von Mitarbeitern (die beispielsweise über eine interessante Entwicklung berichten) oder einem Außenstehenden geleitet werden. Solche Veranstaltungen verwandeln sich jedoch sehr oft plötzlich aufgrund von anstehenden Fragen und unklaren Antworten in eine Problemdiskussion. Wenn Probleme auftauchen, ist eine Informationsveranstaltung jedoch nicht der rechte Platz um diese abzuarbeiten. Zu ihrer Bearbeitung muss eine separate Besprechung zur Problemdefinition oder bereits zur Lösungssuche durchgeführt werden.

Besprechungen zur Problemlösung

Im Klartext heißt das, dass für jeden einzelnen Schritt im Problemlösungsprozess eine separate Besprechung notwendig werden kann in Abhängigkeit von den jeweiligen Aufgaben. Eine jede dieser verschiedenen Besprechungsarten kann sogar mit unterschiedlichsten Teilnehmern durchgeführt werden. Die zeitliche Abfolge der verschiedenen Problemlösungsbesprechungen hängt einzig von der zeitlichen, fachlichen und formalen Kompetenz der Teilnehmer ab. Wichtig ist vor allem:

- Keiner der Lösungsschritte darf übersprungen werden und
- die Beteiligten müssen sich darüber bewusst sein, in welchem Abschnitt des Problemlösungsprozesses sie sich befinden.

Die Schritte bei einer Besprechung innerhalb des Problemlösungsprozesses sind:

1. Besprechung zum Erkennen und Definieren des Problems
2. Besprechung zum Suchen nach Lösungen
3. Besprechung zur Bewertung der Lösungen und für die Lösungsauswahl
4. Besprechung zum Bündeln der Lösungen und zur Erstellung eines Handlungsplanes
5. Besprechung zur praktischen Durchführung der Lösungen
6. Besprechung zur Kontrolle der durchgeführten Lösungen

Es können in jeder Besprechung der eine oder andere Schritt zusammen in einer einzigen Besprechung abgehandelt werden. Es sind je nach Aufgabenstellung mehrere Sitzungen zu einem dieser Schritte erforderlich. Es ist auch möglich, bestimmte Schritte bereits außerhalb einer Besprechung vorzubereiten. Dann kann die Gruppe die Vorschläge neu auswerten oder darüber abstimmen.

Nach der Diagnose des Besprechungstyps lassen sich die situativ angepassten Verhaltensweisen, d. h. der für diese Besprechung geeignetste Führungsstil, ableiten.

Vielfach mischen sich innerhalb einer Besprechung die verschiedenen Besprechungstypen, sodass im weiteren Verlauf zu verschiedensten Führungsstilen gegriffen werden muss.

Die folgenden Fragen und die anschließende Checkliste helfen Ihnen dabei Ihren Besprechungstyp genauer zu definieren.

- Ist die Besprechung Teil des Krisenmanagements? Muss ich wichtige Anordnungen treffen?
- Will ich informieren oder wichtige Informationen austauschen?
- Muss ich Vertragsverhandlungen führen?
- Hat eine Kommission bindende Entscheidungen zu treffen?
- Will ich die kollegiale Zusammenarbeit fördern?
- Dient die Besprechung der Beratung?
- Handelt es sich um ein Mitarbeitergespräch mit dem Ziel der Meinungsbildung oder Verhaltensänderung?
- Will ich eine Schulung durchführen?
- Geht es um Kontaktpflege?
- Verfolge ich gemischte Ziele?

Checkliste: Die Besprechungstypen verdeutlichen unterschiedliche Aufgaben

Anordnende Besprechung, Befehlsausgabe	**Ziele** 1. gezielte Handlungen 2. Aufgabenverteilung: Die Arbeitsatmosphäre ist leiterzentriert, wobei der Leiter völlige Kontrolle ausübt **Beteiligte** 1. Leitende: Manager (Direktoren, Vorstände, höhere Vorgesetzte wie Produktionsleiter und Betriebsleiter) 2. Teilnehmer: Mitarbeiter der/des Leitenden
Information	**Ziele** 1. reine Information durch Vorgesetzte 2. Lösungen werden nicht erwartet 3. Fragen werden (besonders bei größeren Gruppen) kaum geklärt **Beteiligte** 1. einzelne oder mehrere höhere Vorgesetzte 2. einzelne ausgewählte Gruppen oder ganze Belegschaften
Verhandlungen, gemischter Stil	**Ziele** 1. Einigung auf eine Lösung, im Allgemeinen auf einen Vertrag bezogen 2. bringt eine Entscheidung, welches die beste Lösung im Eigeninteresse der Teilnehmenden ist 3. im Allgemeinen einen Kompromiss

	Beteiligte 1. eine bestimmte Person oder Gruppe mit klaren Zielen 2. verschiedenste Personen oder Gruppen mit unterschiedlichsten Zielen 3. sie einigen sich letztendlich, weil sie voneinander abhängig sind
Moderation, kollegiales Meeting, partnerschaftlicher Stil	**Ziel** 1. Einigung auf Lösungen durch rationales Vorgehen und Verständnis 2. praktikable und sofort umsetzbare Lösungen werden erarbeitet **Beteiligte** 1. anerkannter Moderator mit gleichem Status oder den geforderten beruflichen oder moderierenden Erfahrungen 2. Beiträge von jedem werden gleich gewichtet, da sie auf erworbenem Wissen und Fähigkeiten basieren
Kommission, partnerschaftlicher Stil	**Ziele** 1. Kommission trifft bindende Bewertung der verschiedenen Lösungsmöglichkeiten und fällt Entscheidung 2. kollektive Verantwortlichkeit für alle Bewertungen und Entscheidungen **Beteiligte** 1. gewählter/ernannter Vorsitz 2. Vertreter verschiedener Körperschaften mit gemeinsamem Interesse an den Themen

Beratung zu Sachproblemen, partnerschaftlicher Stil	**Ziele** 1. Sammlung und Verarbeitung von Ideen, Informationen, Problemlösung; Ratschlägen 2. gemeinsame Erarbeitung von Lösungsansätzen; das Arbeitsklima ist locker und informell **Beteiligte** 1. Führungskräfte aller Hierarchieebenen 2. ausgewählte Mitarbeiter aus allen möglichen Bereichen 3. hinzugezogene interne oder betriebsfremde Berater
persönliches Mitarbeitergespräch	**Ziele** 1. Meinungsdarstellung, Klärung und Rückmeldung des Vorgesetzten an den Mitarbeiter 2. Zielsetzung für die Zukunft **Beteiligte** 1. Vorgesetzter 2. Mitarbeiter
Schulung, verschiedene Führungsstile, Lehrerzentriert	**Ziele** 1. Erlernen und Erarbeiten von Inhalten 2. klare Aufgabenteilung **Beteiligte** 1. Trainer, Vorgesetzter 2. Vorgesetzte, Mitarbeiter

Wer soll teilnehmen?

Je nach Besprechungstyp (Verhandlung, Informationsveranstaltung, Schulung etc.) überlegen Sie sich, wer daran teilnehmen und welche Aufgaben er übernehmen soll. Die Auswahl der Teilnehmer bedarf einer sorgfältigen Prüfung, denn jeder unmotivierte Mitarbeiter verschwendet nicht nur wertvolle Arbeitszeit, sondern steckt Kollegen möglicherweise mit seiner Lustlosigkeit an. Laden Sie nur diejenigen ein, die sinnvolle und wichtige Beiträge zu den anstehenden Tagesordnungspunkten beisteuern können. Bei der Auswahl helfen Ihnen Kriterien, die wir für Sie zusammengestellt haben.

Warum sind Auswahlkriterien wichtig?

- Sie brauchen methodische Kenntnisse um Teilnehmer so auszuwählen, dass die Besprechungsrunde die Funktion einer Arbeitsgruppe effizient wahrnehmen kann. Am besten ist es, wenn Sie nur diejenigen einladen, die sinnvolle und wichtige Beiträge zu den zur Diskussion stehenden Tagesordnungspunkten beisteuern.
- Wenn Sie sich immer gewissenhaft fragen, warum Sie gerade diesen oder jenen Mitarbeiter einladen wollen, vermeiden Sie Besprechungen, die aus Routine stattfinden, nur traditionellen Charakter haben oder der Kontaktpflege dienen. Unter Umständen stellen Sie fest, dass sich manche Probleme unter vier Augen oder schriftlich erledigen lassen.
- Es ist äußerst wichtig, dass alle Teilnehmer wissen, was von ihnen erwartet wird. Geben Sie die Auswahlkritierien bekannt! Dann weiß jeder eingeladene Mitarbeiter, wie vorbereitet und informiert er teilnehmen muss.

Nach welchen Kriterien wählen Sie aus?

Die folgende Checkliste stellt die wichtigsten Kriterien für die Auswahl Ihrer Teilnehmer zusammen.

1. Notieren Sie sich vor dem Weiterlesen drei bis vier Kriterien, die aus Ihrer Sicht für die Teilnahme wichtig sind.
2. Lesen Sie anschließend die Checkliste.
3. Wenn Sie einige Fragen nicht mit „Ja" beantworten können: Sind diese Fragen für Sie relevant?
4. Überlegen Sie bei jeder Antwort mit „Ja", ob Sie die Aufgabe auch ohne Besprechung lösen können, beispielsweise durch schriftliche Information oder Gespräche unter vier Augen.

Checkliste: Klare Auswahlkriterien für die Teilnehmer an einer Besprechung klären

Kriterium	Ja
a) Jeder der Anwesenden hat eine dem Besprechungsziel dienende Funktion.	☐
b) Jeder Teilnehmer weiß über die an ihn gestellten Erwartungen Bescheid.	☐
c) Es braucht spezielles Wissen, das die Teilnehmer entweder mitteilen oder ich ihnen mitteilen werde.	☐
d) Die Präsentation von bestimmten Fakten, Informationen und Meinungen durch bestimmte Personen ist erforderlich, weil deren Beschaffung auf anderem Wege zu viel Zeit in Anspruch nehmen würde.	☐
e) Die Koordination mit anderen Abteilungen ist erforderlich. Weil diese Koordination sehr wichtig ist: Wer muss von diesen anderen Abteilungen dabei sein?	☐
f) Es nehmen nur solche Mitarbeiter an einer Besprechung teil, die selber davon profitieren können und wollen und/oder eine klare Aufgabe in und/oder nach der Besprechung zu erfüllen haben. Aber: Wenn Mitarbeiter des Öfteren von Sitzungen mit informativem Charakter ausgeschlossen werden, entsteht Misstrauen. Die Teilnahme dient der Vertrauensbildung.	☐
g) Durch bestimmte Teilnehmer werden verschiedenste Zielsetzungen mit eingebracht. Diese wirken sich positiv auf die Dynamik der Besprechung aus.	☐

h)	Mit den beteiligten Besprechungsteilnehmern werden eher Lösungen als Kompromisse erreicht. Es ist so, dass mehr Teilnehmer auch mehr Ergebnisse bringen.	❐
i)	Mit den Besprechungsteilnehmern gibt es Entscheidungen, die repräsentativ sind.	❐
j)	Mit den beteiligten Besprechungsteilnehmern werden Probleme durchdiskutiert und nicht wegdiskutiert.	❐
k)	Wichtige Punkte werden von einigen nicht vergessen/ignoriert sondern angesprochen, obwohl die Punkte unbequem sind.	❐
l)	Besprechungen sind eher konsistent bei Entscheidungen, als Einzelentscheide oder bilaterale Entscheidungen.	❐
m)	Ich schaffe Klarheit darüber, wer die Verantwortung für die Folgen von bestimmten Entscheidungen trägt.	❐
n)	Mit allen Besprechungsteilnehmern werden Entscheidungen beschleunigt.	❐
o)	Die Sitzung ist eine wertvolle Zeit für alle Beteiligten	❐
p)	...	❐
q)	...	❐
r)	...	❐

Stimmt die Gruppengröße?

Die Produktivität eines Meetings und die Zufriedenheit der Teilnehmer werden maßgeblich von der Gruppengröße beeinflusst. Grundsätzlich gilt dabei: Je kleiner die Gruppe, desto besser für das Fortkommen der Besprechung.

Wieviele Teilnehmer sind zu empfehlen?

- Erfahrungsgemäß liegt die Idealgröße bei fünf bis sieben Teilnehmern.
- Sobald mehr als zehn Mitarbeiter teilnehmen, droht die Besprechung unübersichtlich zu werden.
- Wenn wir in der Besprechung zwischen „Befriedigung" und „Produktivität" als zwei Maße für Effektivität unterscheiden, dann gilt Folgendes:

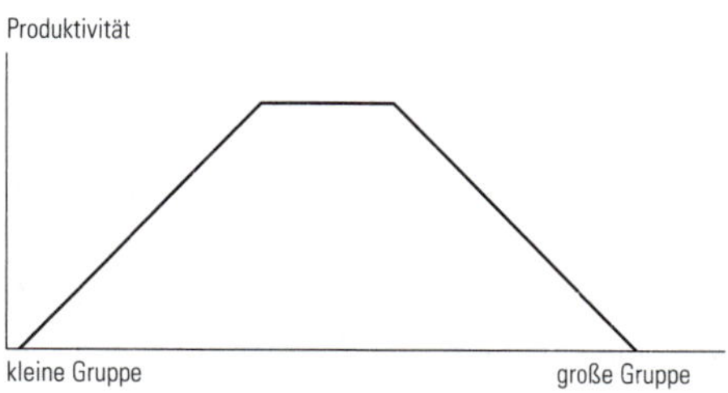

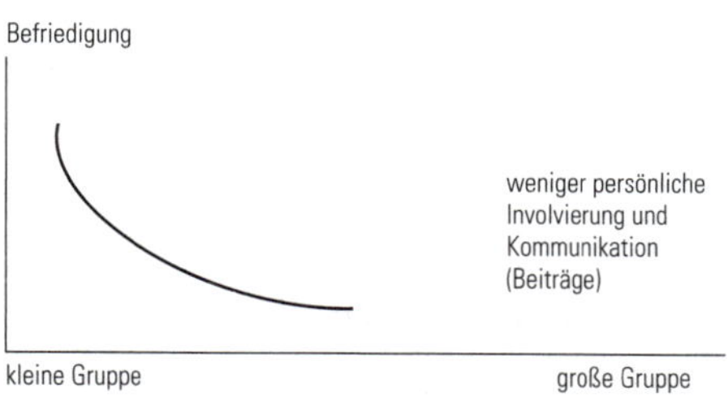

Was sollten Sie auf jeden Fall tun?

- Lassen Sie Mitarbeiter, die nur einen kleinen Beitrag zur Besprechung leisten müssen, nach dem Vortrag wieder an ihren Arbeitsplatz zurückkehren!
- Eine Besprechung wird nicht deshalb erfolgreicher und beeindruckender, weil Sie einen riesigen Stab von Mitarbeitern herbeizitieren.

Die Tagesordnung

Die Tagesordnung bzw. der Besprechungsplan ist der rote Faden jeden Meetings. Außerdem ermöglicht er eine abschließende Erfolgskontrolle. Gibt es einen solchen Plan nicht, ist die Gefahr groß, sich zu verzetteln. Nehmen Sie sich also die Zeit für die Vorbereitung, meist genügt schon ein halbes Stündchen!

Bei der Aufstellung der Tagesordnungspunkte kristallisieren Sie die wichtigen und dringenden Probleme heraus und schätzen realistisch ein, wie Sie diese in kürzester Zeit gemeinsam lösen können.

Besprechen Sie Ihre Tagesordnung anschließend mit den Teilnehmern, möglicherweise haben sie noch Anregungen oder Verbesserungsvorschläge. Anschließend verteilen Sie die Tagesordnung, damit sich jeder vorbereiten kann. Lassen Sie außerdem rechtzeitig beizuheftendes Material zusammenstellen. Nicht selten werden Besprechungen aufgehalten oder verzögert, weil Mitarbeiter nach wichtigen Unterlagen suchen.

Überladen Sie die Tagesordnung nicht! Sie stellen damit die Teilnehmer unter Zeitdruck und sorgen für schlechte Stimmung. Ineffektive Besprechungen wären das Ergebnis.

Wie gehen Sie organisatorisch vor?

1 Sobald Sie einen Termin für die Besprechung vereinbart haben, beginnen Sie mit der Materialsammlung. Idealerweise legen Sie sich dazu im PC, in Ihrem Zeitplaner oder der Hängeregistratur einen Besprechungsplan an (siehe folgendes Muster).

2 Sie tragen sich einen Termin ein, an dem Sie die Besprechung endgültig vorbereiten.

3 Eine Woche vor dem Termin erstellen Sie den Plan und senden ihn den Gesprächspartnern mit der Angabe eines Termins zur Rückmeldung zu. Das Formblatt für Themenvorschläge und Anregungen könnte folgendermaßen aussehen:

<table>
<tr><td colspan="4">TOPS der Besprechung vom:
Thema:
Vorbereitet durch:
Anwesende:</td></tr>
<tr><td>Vorschlagender</td><td>Thema</td><td>Angenommen: ja/nein</td><td>Wer/Was</td></tr>
<tr><td></td><td></td><td></td><td></td></tr>
<tr><td></td><td></td><td></td><td></td></tr>
<tr><td></td><td></td><td></td><td></td></tr>
</table>

4 Sie sichten das zurückgekommene Material und integrieren es. Sie verschicken die fertigen Unterlagen an die Teilnehmer.

■ *Falls Sie selbst Teilnehmer eines Meetings sind und der Besprechungsleiter mit Vorbereitungsmaterial auf sich warten lässt, erinnern Sie ihn daran! Schließlich geht es um Ihre Arbeitszeit.* ■

Wie gehen Sie inhaltlich vor?

1. Sammeln Sie zunächst die wichtigen und dringlichen Themen.
2. Identifizieren Sie anschließend Routineangelegenheiten. Setzen Sie diese an den Anfang der Tagesordnung.
3. Schließen Sie jetzt Punkte an, die bei der letzten Besprechung offengelassen wurden.
4. Bringen Sie die wichtigen Themen, die Sie zu Beginn identifiziert haben, in eine logische Reihenfolge. Die wichtigsten nehmen Sie nach vorn.
5. Führen Sie „Themen der nächsten Besprechung" als einen separaten Punkt auf.

Wie gehen Sie formal vor?

1. Nennen Sie Datum, Zeit, Ort, Teilnehmer und das Thema der Besprechung. Findet eine Besprechung regelmäßig statt, sollten sich alle Teilnehmer frühzeitig auf einen Besprechungskalender einigen. Dieser kann als Teil des Protokolls (vgl. dazu das Kapitel „Wie Sie Besprechungen nachbereiten") jedem zugestellt werden.
2. Nummerieren Sie die einzelnen Punkte durch. Jeder Besprechungspunkt muss – nach Prioritäten geordnet – nummeriert sein. Wenn dann aus irgendwelchen Gründen die Diskussion nicht der vorgegebenen Reihenfolge folgt,

muss der Vorsitzende die Gründe hierfür angeben. Gerade für Teilnehmer, deren Beitrag oder Angelegenheit verschoben wird, ist das wichtig.

3 Vermeiden Sie Verwirrung! Falls Sie die Tagesordnung mit einer Einladung verbinden, setzen Sie beides deutlich voneinander ab.

4 Flüchtigkeits- und Tippfehler machen keinen guten Eindruck!

■ *Halten Sie die Unterlagen so knapp wie möglich! Teilnehmer reagieren zu Recht verschnupft, wenn Sie vor jeder Besprechung einen dicken Aktenordner zur Vorbereitung erhalten.* ■

Beispiele für gute und schlechte Besprechungspläne

TOPS der Vertriebsleitertagung vom 15. Mai 2002 Zeit: 9.00 bis ca. 17.00 Anwesende: Herr Dr. Arm, alle Vertriebsleiter	
TOP 1	Allgemeines
TOP 2	Zahlen 2. Quartal 2002
TOP 3	Neue Vertriebsstruktur
TOP 4	personelles
TOP 5	Produkte
TOP 6	Incentives/neue Ziele 2002
TOP 7	Offenes

Ein Negativbeispiel einer Tagungs- und Besprechungsvorbereitung

Ein Besprechungsplan nach dem Prinzip des Problemlösungsprozesses beschleunigt und strafft hingegen die Diskussionen

Ort:	Berlin
Datum:	12.6.2002
Zeit:	09.00 Uhr
Teilnehmer:	Dr. Arm, alle Führungskräfte des Vertriebs
Thema:	Quartalsbesprechung II/2002
Leitung:	Dr. Arm

1. Information
2. Besprechung zum Erkennen und Definieren des Problems
3. Besprechung zum Suchen nach Lösungen
4. Besprechung zur Bewertung der Lösungen und Lösungsauswahl
5. Besprechung zum Bündeln der Lösungen und zur Erstellung eines Handlungsplanes
6. Besprechung zur praktischen Durchführung der Lösungen
7. Besprechung zur Kontrolle der durchgeführten Lösungen

Schritt	1	2	3	4	5	6	7	Vorbereitung, Besprechungsleiter	Zeit
1. Allgemeine Info	x							Dr. A.	30'
• neue Produkte	x								
• Großkundenkontakte	x								
• neue Vertriebsstruktur	x								
2. Quartalszahlen	x	x					x	alle, Dr. A	60'
3. aktuelle Aktionen	x			x				Dr. A., alle	60'
4. Personalprobleme	x	x	x	x	x	x		Dr. Bi., alle	30'
5. Offenes	x					x		alle	30'

Anlass und Zielsetzung: Planung und Vorgehen Hr. Stock/Dr. Bischof Planung Weiterbildung für Vertriebsleiter	
Tag und Zeitpunkt: 17. Mai 2002	Dauer: 10.00 bis ca. 17.00 Uhr
Raum:	Bereits reserviert: ja
Besprechungsteilnehmer: Hr. Stock, Dr. Bischof	Zeit
Tagesordnung/Besprechungspunkte:	
1. aktuelle Situation	9.00–11.00
2. Rückmeldung der Vertriebsleitertagung: Diskussion?	11.00–12.30
3. Planung und Vorgehen Hr. Stock/Dr. Bischof: Diskussion und Entscheidung	13.00–14.00
4. Planung Weiterbildung für Vertriebsleiter: Diskussion und Entscheidung	14.00–18.00
Welche Informationen müssen bei der Besprechung verteilt werden? • zum Punkt 2: siehe Anlage 1 • zum Punkt 3: siehe Anlage 2 • zum Punkt 4: siehe Anlage 3 Routinefragen: • keine ???	
Offene Punkte der letzten Besprechung: keine Neue Punkte: ??? Themen der nächsten Besprechung: offen Welche Fragen sind zu klären? Offen Welche Unterlagen und Hilfsmittel werden benötigt?	
Berichte	keine
Anschauungsmaterial	bringt Dr. Bischof
Flip-Chart	ja
OH-Projektor	ja
Stecktafel	ja
Protokoll der letzten Sitzung: keines Protokollführer/Datum: Dr. Bi/9. Mai 2002	
Einladende Stelle:	Unterschrift:

Check-up für die Vorbereitung

In der folgenden Checkliste haben wir für Sie noch einmal alle wichtigen Schritte für die Vorbereitung Ihrer Besprechung zusammengestellt. Bevor Sie in die nächste Sitzung gehen, stellen Sie anhand der Liste sicher, dass Sie an alles gedacht haben!

Denken Sie immer daran: Nur gut vorbereitete Arbeitsgespräche und ihre geschickte Leitung garantieren, dass die wertvolle Arbeitskraft aller Beteiligten nicht vergeudet wird. Weder ein Vorgesetzter, der notwendigen Besprechungen ausweicht, noch der, der seine Mitarbeiter ständig durch Konferenzen von anderen Aufgaben fernhält, erfüllt seine Führungsaufgabe.

Hier noch einmal die wichtigsten Schritte für Ihre Vorbereitung:

1. Die eigene Zielsetzung formulieren.
2. Die Besprechung planen (*Checkliste!*). Erscheint eine Besprechung wirklich als der beste Weg ein Ziel zu erreichen, so wickeln Sie nicht aus dem Stegreif ab, planen Sie!
3. Die Teilnehmer ausführlich informieren (Arbeitsblatt, Einladung, Tagesordnungspunkte, Diskussionsgrundlagen).
4. Das Material bereitstellen (*Arbeitsblatt*).

Checkliste: Elementare Punkte bei der Vorbereitung der Besprechung

Vorbereitende Punkte	Ja
1 Zielsetzung und Zweck sind formuliert? Das banal Erscheinende wird oft vernachlässigt. Wenn es keinen Anlass gibt, gibt es keine Besprechung (siehe Zielformulierung: Gesprächsergebnis S. 22 ff.).	☐
2 Planung und Ankündigung ist durchgeführt?	☐
3 Die Häufigkeit der Besprechungen ist festgelegt? Sie hängt von der vorliegenden Problemstellung ab.	☐
4 Wurde die Priorität der Besprechung eingeschätzt? Wie wichtig ist diese Besprechung für die Teilnehmer im Vergleich zu anderen Unternehmensangelegenheiten? Entscheidet die Gruppe oder der Einzelne das für sich selber?	☐
5 Haben jeder Teilnehmer und der Besprechungsleiter einen Stellvertreter für die Besprechungen? Dieser ist auf dem Laufenden zu halten. Von der Priorität der jeweiligen Sitzung hängt es ab, ob der Stellvertreter eingesetzt wird.	☐
6 Wenn gegeben: Effizienter und der Situation angemessener Leiter bestimmt und informiert?	☐
7 Wenn nötig: Sekretärin oder Assistentin bestimmt? Eine Person, die selbstständig handeln kann und kompetent bei der Vorbereitung und möglicherweise auch bei der Durchführung und der Nachbereitung der Besprechung hilft. Sie kann eventuell auch das Protokoll führen.	☐

8 Wenn gewünscht und sinnvoll, möglichst frühzeitig den Protokollanten bestimmen: Jemand der mitschreibt, welche Entscheidungen gefällt werden, welche Handlungen zu veranlassen sind und welche Empfehlungen getroffen werden. Eine bereits funktionierende Gruppe kann auch selber entscheiden, wer und sogar was protokolliert wird. Es sollte nicht der Besprechungsleiter sein, er braucht die Aufmerksamkeit für den Besprechungsprozess selber. ☐

9 Sind die Teilnehmer ausgewählt? Bei Arbeitsgruppen möglichst nicht über 15 Teilnehmer gehen.

- ✓ Die Gruppengröße bestimmen.
- ✓ Teilnehmer rechtzeitig einladen und ausführlich informieren.
- ✓ Erwartungen an die Leistung der Teilnehmer bestimmen.
- ✓ Welcher Beitrag wird von ihnen erwartet?
- ✓ Welche Unterlagen sollen die Mitarbeiter selbst beschaffen und mitbringen?
- ✓ Wer soll einen Bericht oder ein Kurzreferat übernehmen?
- ✓ Gegebenenfalls ist schriftliches Material vorher an die Teilnehmer zu versenden. ☐

10 Datum und Uhrzeit sind festgelegt und abgestimmt? Wenn sich Besprechungen wiederholen, ist ein langfristiger Zeitplan festzulegen (z. B. jeden ersten Donnerstag im Monat). Lassen Sie vor Beginn der Besprechung auch etwas Zeit, damit sich die Teilnehmer untereinander austauschen können. ☐

11 Zeitrahmen ist geplant? Die Dauer der Besprechung muss unbedingt abgesprochen, geplant und angegeben werden. Lieber mehrere Besprechungen ansetzen als die einzelnen zu lange andauern lassen. Möglicherweise die Teilnehmer bei der Bestimmung des Zeitrahmens auch mitbestimmen lassen. ☐

12 Ort ist reserviert? Ruhe und Bequemlichkeit fördern die Besprechung. Das Besprechungszimmer, Getränke, Mahlzeiten und gegebenenfalls die Unterkunft und deren Zweckmäßigkeit überprüfen. Reservieren Sie im Bedarfsfalle die gewünschten Räumlichkeiten. ______ ☐

13 Räumliche Ausstattung ist festgelegt (Stühle, Tische, Aschenbecher, TV, Video, Schreibmaterial, Overhead-Projektor, Belüftung) und Tagungsraum reserviert? Flip-Charts und Wandtafeln sind ausgezeichnete Visualisierungsmittel. (Es gibt heute Flip-Charts, die Photokopien des Geschriebenen erstellen können!) Alle Teilnehmer sollten sich sehen können und genügend Platz zum Sitzen und Schreiben haben. Der Chef muss nicht immer am Kopfende sitzen. ______ ☐

14 Tagesordnungspunkte und Ablaufplan sind erstellt (Pausen, Bewirtung...)? Den Prioritäten folgend wird aufgezählt, was für Themen zu erledigen sind. Auf die Tagesordnungspunkte wird später genauer eingegangen. Sie werden durch Begleitpapiere ergänzt. ______ ☐

15 Es ist geklärt, welche Unterlagen bei der Besprechung erforderlich sind? Setzen Sie sich und anderen einen Termin, bis zu dem alle zu bearbeitenden Unterlagen (Begleitpapiere) bei der angegebenen Stelle sein müssen. Sammeln Sie alle eigenen oder fremden wichtigen Unterlagen, Begleitpapiere und Ideen. Bewährt ist eine Vorlagenmappe, wo sich Platz für die sich wiederholenden Besprechungen findet. Eine solche Vorlagenmappe hilft, nach Datum geordnet, an bestimmten Tagen bestimmte Vorgänge nicht zu vergessen. Überprüfen Sie diese Unterlagen auf ihre Relevanz zu den Zielen der jeweiligen Besprechung hin und ordnen Sie diese in der Reihenfolge der Prioritäten. Vergleichen Sie die benötigte Zeit, mit der zur Verfügung stehenden Zeit und eliminieren Sie gegebenenfalls Punkte

	mit niedriger Priorität. Prüfen Sie dabei, ob Sie möglicherweise die Teilnehmer mit Lieblingsthemen von Ihrer Seite langweilen. Geben Sie den Betreffenden genügend Zeit zum Tippen und Prüfen von Unterlagen. ______	☐
16	Einladung und eine Liste der Tagesordnungspunkte mit Begleitpapieren sind verschickt? ______	☐
17	Arbeitsmittel zur Visualisierung sind vorbereitet? ______	☐
18	In Sonderfällen: Vorbesprechung im kleinen Kreis ist angekündigt und durchgeführt? ______	☐
19	Besprechungsplan ist ausgefüllt? Bitte beachten Sie bei der Vorbereitung Ihrer nächsten Besprechung den Besprechungsplan. Er kann gleichzeitig als Aufstellung der Tagesordnungspunkte an die Teilnehmer verschickt werden. ______	☐

Wie Sie Besprechungen durchführen

Ihre Aufgaben als Moderator

Wie effektiv die Besprechung wird, hängt entscheidend von den kommunikativen Fähigkeiten und Techniken des Moderators ab. Seine Arbeit gleicht einem schwierigen Balanceakt: Er läuft immer Gefahr, die Dinge entweder aus der Hand gleiten zu lassen oder durch straffe militärische Diskussionsleitung jeden kreativen Ansatz zu ersticken.

Bevor wir uns den Kunstgriffen zuwenden, mit denen der Moderator typische schwierige Situationen zu meistern versteht, werfen wir einen Blick auf seine Aufgaben und den Moderationsablauf.

Wofür ist der Moderator verantwortlich?

Erstens: Er sorgt zielstrebig für Problemlösungen, indem er

- die Bedeutung der gemeinsamen Aufgabe klarstellt und die Erwartungen an die Teilnehmer hervorhebt.
- Kurzeinführungen zu den Tagesordnungspunkten gibt, den Sachstand erläutert, alle Teilnehmer auf denselben Informationsstand bringt.
- die Besprechung anhand des roten Fadens steuert und den Zeitplan einhält.

- verschiedene Lösungen bewertet, zusammenfasst, Konsequenzen zieht, Entscheidungen fällt, Ergebnisse herausarbeitet und Maßnahmenkataloge erstellt (Zuständigkeiten, Termine, Kontrolle).

Zweitens: Er gewinnt das Vertrauen der Teilnehmer, indem er

- jeden Diskussionsbeitrag würdigt.
- niemals bloßstellt.
- unparteiisch bleibt.
- stets sachlich und entspannt ist.
- beim Formulieren unterstützt.
- bei Konflikten vermittelt.

Checkliste: Das Verhalten des Besprechungsleiters gegenüber den Teilnehmern

Verhalten	Ja
Der Besprechungsleiter	
1 würdigt jeden Teilnehmer zu seinen Diskussionsbeiträgen	❒
2 bewertet nicht	❒
3 stellt nicht bloß	❒
4 unterstützt beim Formulieren	❒
Der Besprechungsleiter wird bei Gruppen	
1 sorgfältig vorbereitete Fragen benutzen, um die Diskussion zu eröffnen, das Interesse zu wecken und das Denken anzuregen	❒
2 die Interaktion steuern	❒
3 die Reihenfolge der Wortmeldungen beachten	❒
4 die Eigenart der Teilnehmer und Reaktionen der Gruppe auf einzelne Teilnehmer bei der Steuerung berücksichtigen	❒
5 die Beteiligung aller Teilnehmer anstreben	❒
6 Dauerredner taktvoll bremsen	❒

7	Konflikte zwischen Teilnehmern von der Beziehungsebene auf die Aufgabenebene zurücklenken ______	❒
8	bei ernsteren Konflikten übergeordnete Ziele oder Werte erörtern, Gemeinsamkeiten aufdecken und Gegensätze sachlich artikulieren ______	❒
9	die Entstehung einer sachlichen, entspannten Atmosphäre fördern ______	❒
10	die Stimmung positiv beeinflussen ______	❒
11	mit Humor und Gelassenheit helfen, zur Sachlichkeit zurückzukehren ______	❒
12	sich selbst unparteiisch verhalten ______	❒
13	bei Wissensvorsprung keine Überlegenheit demonstrieren ______	❒
14	Fakten sammeln ______	❒
15	die Richtung der Diskussion steuern und die Formulierung eines Ergebnisses beschleunigen ______	❒
16	den Erfolg der Besprechung sicherstellen und die Ergebnisse zusammenfassen ______	❒
17	mit den Teilnehmern Beschlüsse fassen ______	❒
18	Maßnahmen einleiten, Aufgaben fixieren, Termine setzen (wer, was, wo, wie, wann, warum erledigt) und er wird nachfassen und die Durchführung der Entscheidungen kontrollieren. ______	❒

Checkliste: Das Verhalten des Besprechungsleiters bei der Durchführung der Besprechung

Verhalten	Ja
Der Besprechungsleiter	
1 Pünktlich anfangen	❐
Motivation der Teilnehmer: Ziel und Bedeutung der gemeinsamen Aufgabe hervorheben. Die Erwartung an die Teilnehmer herausheben: Der Besprechungsleiter muss ein vertrauensvolles Arbeitsklima erzeugen; bei gegebenem Falle auf die Vertraulichkeit der Gespräche hinweisen.	❐
2 Tagesordnung mit Zeitplan zeigen oder anschreiben; Änderungen berücksichtigen.	❐
3 Diskussionseröffnung: Zu jedem Punkt Kurzeinführung, gleichen Informationsstand herstellen, Sachstandserläuterung.	❐
4 Ergebnis herausarbeiten, Konsequenzen ableiten, Bewertung verschiedener Lösungsansätze, Entscheidung fällen, Maßnahmenkatalog erstellen (Zuständigkeit, Termine, Kontrolle).	❐
5 Dank an die Teilnehmer, Ausblick auf das weitere Vorgehen und Themen für die nächste Besprechung.	❐
Insgesamt stellt dies eine sehr umfangreiche Liste dar, aus der Sie sich Ihre individuell auf Ihre Bedürfnisse als Besprechungsleiter abgestimmte Checkliste ableiten sollten. Diese sollte bei Besprechungen stets griffbereit vor Ihnen liegen.	

Checkliste: Weitere Aspekte zum Verhalten des Besprechungsleiters bei der Durchführung der Besprechung (ausführliche Liste)

1	Fangen Sie die Besprechung unbedingt pünktlich an. Schlechte Zeitmanieren breiten sich wie eine Seuche aus.	☐
2	Begrüßung der Teilnehmer; Personen, die dem Kreis nicht bekannt sind, unbedingt vorstellen.	☐
3	Motivation der Teilnehmer: Ziel und Bedeutung der gemeinsamen Aufgabe hervorheben. Die Erwartung an die Teilnehmer herausheben.	☐
4	Tagesordnung mit Zeitplan zeigen oder anschreiben und Vorschläge der Gruppe und Prioritäten berücksichtigen.	☐
5	Sorgen Sie dafür, dass die für das Protokoll notwendigen Notizen angelegt werden: ▪ Wer macht es? ▪ Geben Sie eine deutliche und lebendige Stellungnahme darüber ab, was diskutiert wird, sowie nützliche Hintergrundinformationen.	☐
6	Erklären Sie technische Begriffe, wo nötig.	☐
7	Schlagen Sie einen Diskussionsverlauf vor.	☐
8	Holen Sie notwendige Daten und Informationen von den Teilnehmern.	☐

9 Überzeugen Sie sich vom Sachverständnis der Teilnehmer. ______ ❐

10 Diskussionseröffnung: Einführung, z. B. durch Darstellung unterschiedlicher Standpunkte, durch neue Informationen oder durch die Sammlung von Erfahrungen und Meinungen aus dem Teilnehmerkreis oder mittels einer Startfrage an die Teilnehmer. ______ ❐

11 Zu jedem Punkt eine Kurzeinführung sowie eine Erläuterung der Sachlage geben mit dem Ziel, den gleichen Informationsstand herzustellen. ______ ❐

12 Den Ablauf durch die stetige Weiterverfolgung des roten Fadens steuern; ______ ❐

- Abschweifungen verhindern. Bleiben Sie beim „Thema", indem Sie dieses, in einem Satz formuliert, immer wieder wiederholen;
- wichtige Punkte oder Zusammenhänge visualisieren;
- Zeitplan einhalten;
- Bewertungs- oder Entscheidungsprozesse durch methodische Hilfsmittel (z. B. Gruppenarbeitstechniken, Brainstorming, Stecktafelarbeit, „Pro" und „Kontra" fördern);
- Fassen Sie regelmäßig zusammen;
- Zwischenergebnisse visualisieren und formulieren.

13 Ergebnis herausarbeiten: Jeder Tagesordnungspunkt ist entweder

- eindeutig erledigt oder

- zur Erledigung an ein oder mehrere Mitglieder der Gruppe delegiert worden oder
- an eine oder mehrere Personen außerhalb der Gruppe delegiert worden oder
- nochmals in einer Besprechung zu bearbeiten.

14 Des Weiteren haben Sie als Besprechungsleiter folgende Aufgaben:

- Schlussfolgerungen aussprechen;
- Konsequenzen ableiten;
- Lösungsansätze bewerten und Entscheidungen fällen;
- Maßnahmenkatalog (Zuständigkeit, Termine, Kontrolle) erstellen;
- nichts in der Schwebe lassen. ______ ☐

15 Entgegennahme von Anregungen und Themen für die nächste Besprechung. ______ ☐

16 Spezifizieren Sie, bis wann das Protokoll verteilt wird. ______ ☐

17 Dank an die Teilnehmer, Ausblick auf das weitere Vorgehen, Konsequenzen. ______ ☐

18 ... Ihre eigenen Punkte? .... ______ ☐

Wie sehen die einzelnen Schritte der Moderation aus?

1. Sie begrüßen die Teilnehmer. Personen, die dem Kreis noch nicht bekannt sind, stellen Sie vor.
2. Sie motivieren die Teilnehmer, indem Sie die Ziele und die Bedeutung der Besprechung hervorheben und um rege Mitarbeit bitten.
3. Sie schlagen einen Diskussionsverlauf vor.
4. Sie überzeugen sich vom Sachverständnis und Informationsstand der Teilnehmer. Falls nötig, geben Sie eine kurze Einführung.
5. Sie eröffnen die Diskussion, beispielsweise mittels einer Startfrage.
6. Sie fassen regelmäßig zusammen und visualisieren bzw. formulieren Zwischenergebnisse.
7. Sie arbeiten Ergebnisse heraus und delegieren Aufgaben.
8. Sie nehmen Anregungen und Themen für die nächste Bespechung an.
9. Sie geben einen Termin für die Protokollverteilung an.
10. Sie erläutern kurz das weitere Vorgehen und danken allen Teilnehmern für ihr Engagement.

Zeit und Effizienz gewinnen

Sie kennen die Situation: Seit Stunden redet man sich die Köpfe heiß, aber eine Lösung des Problems ist nicht in Sicht. Zeitfresser tauchen in Besprechungen immer wieder auf: als endlose Diskussion oder Unfähigkeit des Moderators, zum richtigen Zeitpunkt das Wesentliche zusammenzufassen. Einige wenige Kniffe werden Ihnen dabei helfen, die Zeitzügel in der Hand zu behalten.

- Legen Sie vor Beginn der Besprechung eine stille Minute zum Nachdenken ein. Je konzentrierter Sie die Besprechung starten, desto besser.
- Gehen Sie nicht ohne Tagesordnung in die Sitzung! Sollten Sie keine beschlossen haben, so holen Sie dies am Anfang der Besprechung nach.
- Hängen Sie an die Tür des Besprechungsraums ein Schild: „Besprechung. Bitte nicht stören!"

- Fangen Sie pünktlich an, auch wenn nicht alle da sind! Das diszipliniert zu spät kommende Teilnehmer für die Zukunft. Natürlich verspäten auch Sie sich auf keinen Fall!

- Vermeiden Sie Wartezeiten in der Besprechung! Wichtige Informationsunterlagen oder Schaubilder sollten Sie nicht während der Besprechung suchen müssen!

- Zögern Sie Besprechungen nicht hinaus! Viele Moderatoren wollen damit demonstrieren, wie beschäftigt und wichtig sie sind. Dabei provozieren sie Langeweile und Ärger.
- Fassen Sie immer wieder Ergebnisse zusammen! Sobald ein Thema „ausgequetscht" ist oder keine weiteren Fakten mehr genannt werden, resümieren Sie das Gesagte.
- Betrachten Sie eine Frage erst dann als geklärt, wenn Sie festgelegt haben, wer, was, wann, wo, wie zu tun hat. Vereinbaren Sie mit den Teilnehmern eine Erfolgskontrolle für die übernommene Aufgabe. Das erspart weitere Meetings!
- 
  Halten Sie sich an die vereinbarten Schlusszeiten. Teilnehmer, die früher gehen wollen, werden zum Bleiben ermutigt, wenn Sie wissen, dass die Besprechung pünktlich endet.
- Weisen Sie die Gesprächsrunde durch bestimmte Sätze auf das Gesprächsende hin. Zum Beispiel könnten Sie sagen: „Bevor wir zum Ende kommen..." oder „Als letzten Punkt sollten wir ..."

Konflikte sind positiv

Grundsätzlich gilt: Konflikte sind in zwischenmenschlichen Beziehungen unvermeidlich, denn jeder hat andere Wertvorstellungen, persönliche Ziele, Bedürfnisse und Handlungsmöglichkeiten. Häufig finden wir bei streitenden Parteien Abwehrreaktionen, die darauf abzielen, den Konflikt zu vermeiden. Doch Konflikte schafft man dadurch nicht aus der Welt. Im Gegenteil: Wo sie nicht offensiv gelöst werden, schwelen sie unter der Oberfläche weiter, wie die folgende Abbildung verdeutlicht.

Angreifen und Kampf

VORTEILE: Der Überraschungseffekt hält den Gegner vom Leibe. Bis er merkt was passiert ist es für ihn vielleicht zu spät.

„Angriff ist die beste Verteidigung"

NACHTEILE: Ein Konfliktpartner, der mit Angriff reagiert, muss viel Zeit und Energie darauf verwenden, seine „Attacke" durchzuführen, sich dabei selbst zu schützen – und die eventuellen negativen Folgen zu beseitigen.

Ich gewinne und Du verlierst!

Flucht und Ausweichen

VORTEILE: Der Konflikt geht evtl. weg und ich verliere nicht Zeit mit Auseinandersetzungen. Der Andere merkt es vielleicht auch nicht und vergisst den Konflikt.

„Bloß nicht dran rühren"

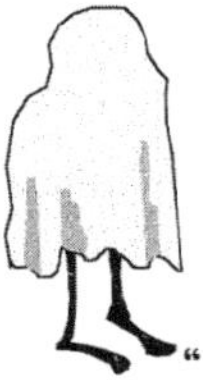

NACHTEILE: Der schwelende Konflikt bleibt bestehen und „verpestet die Luft". Mitarbeiter auf der Flucht machen Dienst nach Vorschrift, ziehen sich zurück in die „innere Kündigung", behalten Wissen und wertvolle Informationen zurück.

Ich will nicht gewinnen oder verlieren.

Verdrängen und Resignation

VORTEIL: Ich kann mich mit anderen Dingen beschäftigen, die mir mehr Spaß machen.

„Da kann man nichts dran tun"

NACHTEILE: Der verdeckte Konflikt verbraucht weiterhin Zeit und Energie.

Resignierte Mitarbeiter verhalten sich passiv, müssen angeleitet werden und machen „Dienst nach Vorschrift", da sie keine Eigeninitiative zeigen mögen, um kein Risiko einzugehen.

Ich verliere ja sowieso.

Allerdings: Die Erfahrung zeigt, dass ungeregelte Konflikte weiter schmoren und nicht einfach weggehen.

Warum soll ich offensiv mit Konflikten umgehen?

Wer Konflikten nicht aus dem Weg geht, erreicht hierdurch gleich mehrere positive Effekte:

- Sie zeigen, dass Sie kein Hasenfuß sind, sondern führen. Das verschafft Respekt.
- Andere starke Personen bauen Vertrauen zu Ihnen auf und stärken damit Ihre Position.
- Schwache Motzer bleiben still und konzentrieren sich auf solche Teilnehmer, die sie ablenken können.
- Sie resignieren nicht und verfallen nicht in übertriebene Kampfhaltungen. Resignation lähmt auf Dauer und führt selbstverständlich zu schlechterer Leistung.
- Sie behalten die Kontrolle über Ihre Angelegenheiten. Mit der offensiven Konfliktbewältigung lernen Sie Neues dazu und treiben Entwicklungen voran.
- Wer aufgrund seiner Funktion vermitteln kann, gibt Beteiligten die Chance, ohne Gesichtsverlust aus einer misslichen Lage herauszukommen. Sie selbst gewinnen hierdurch Vertrauen.
- Sie schonen im Interesse aller Beteiligten die wichtigsten persönlichen Ressourcen: Zeit und Nerven.

Wie gehe ich offensiv mit Konflikten um?

Wehren Sie Konflikte nicht ab, sondern betrachten Sie sie als Chance, dazuzulernen. Sie helfen Ihnen, das eigene Verhalten kritisch zu überprüfen und gegebenenfalls zu verändern. Für die Praxis empfehlen wir Ihnen folgende Schritte:

1. Nehmen Sie den Konflikt wahr, und machen Sie sich Ihre Empfindungen bewusst!
2. Stellen Sie den Konflikt in Form von Ich-Botschaften dar (z. B. „Sein Verhalten bewirkt bei mir ...", oder „hat ... Konsequenzen für meine Aufgabe" etc.).
3. Bitten Sie den anderen, zuzuhören. Stellen Sie Ihre Ziele, Werte und Handlungsalternativen dar.
4. Hören jetzt Sie zu und lassen Sie den anderen seine Ziele, Werte und Handlungsalternativen darstellen.
5. Fragen Sie: Wie geht es weiter? Was bedeutet das jetzt? Überprüfen Sie, ob Ihre Botschaft angekommen ist.
6. Wenn nicht: Senden Sie weitere Ich-Botschaften und bestehen Sie auf einer Lösung.
7. Wenn ja: Suchen Sie gemeinsam nach Lösungen.
8. Formulieren Sie eine für beide Seiten akzeptable Lösung und schließen Sie eine schriftliche Vereinbarung.

Wie vermitteln Sie in Konflikten?

In Konflikten ist die Beziehungsebene zwischen zwei Menschen oder Parteien gestört. Ihre Aufgabe als Moderator ist es, zwischen den Parteien zu vermitteln und die Diskussion auf der Sachebene zu halten. Lassen Sie sie auf keinen Fall auf die Beziehungsebene abrutschen, wo es erfahrungsgemäß um alles geht – nur nicht um die Sache!

Grundsätze der Vermittlung:

- Bewahren Sie eine problemfreie Beziehung zu den Konfliktpartnern!
- Übernehmen Sie die Verantwortung für den Problemlösungsprozess. Sie tragen keine Verantwortung für Problemlösungsinhalte.
- Vermeiden Sie Wertungen, auch wenn Sie dazu aufgefordert werden!
- Bewahren Sie Distanz zu den Problemen. Nur so können Sie Ihre Vermittlerrolle wahrnehmen!

■ *Stellen Sie sich ehrlich die Frage, ob Sie von allen Beteiligten angenommen werden. Ihre Rolle als Vermittler können Sie nur dann wahrnehmen, wenn man Sie in der Firma akzeptiert und respektiert.* ■

Techniken der Vermittlung

Das folgende Schema stellt verschiedene Vermittlungstechniken vor, die sich in der Praxis bewährt haben. K bezeichnet die beiden Konfliktparteien, V den Vermittler.

1. Verantwortung übernehmen

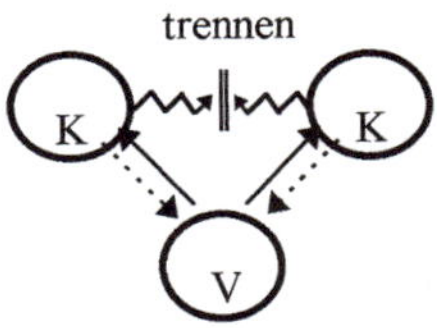

- „Kontrakt" schließen und Vermittlungsgrundsätze bekannt geben.
- Konfliktpartner „trennen" (im Gespräch oder räumlich/zeitlich).
- Ich-Sprache sprechen und Zuhören.
- „Ich habe jetzt Ihr Einverständnis für die von mir vorgeschlagene Methode. Ich will, dass Sie jeder nur direkt mit mir sprechen und nicht mehr sich gegenseitig ansprechen! ... Nein! Bitte mir direkt sagen! ... O. K.! ... Hmmmh. ..."

2. Ventilieren

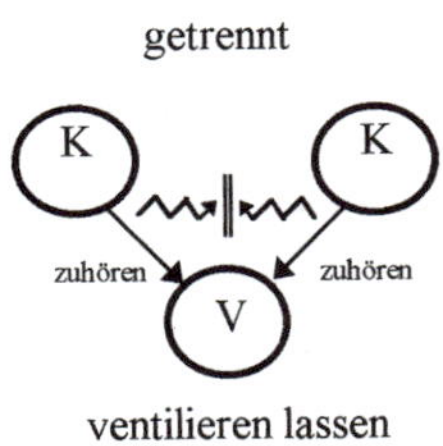

- Zuhören, Problem aus der Sicht des Konfliktpartners erkennen.
- Emotionale Temperatur absinken lassen: zuhören.
- Was genau ist das Problem für Sie? Ursache – Wirkung – Gefühl.
- „Das Problem ist für Sie, dass Herr Gerber seinen Projektbericht nicht pünktlich und im richtigen Format abliefert. Das verzögert Ihre eigene Aufgabe und die Erstellung der Gesamtdokumentation und nervt und ärgert Sie."

3. Verbinden

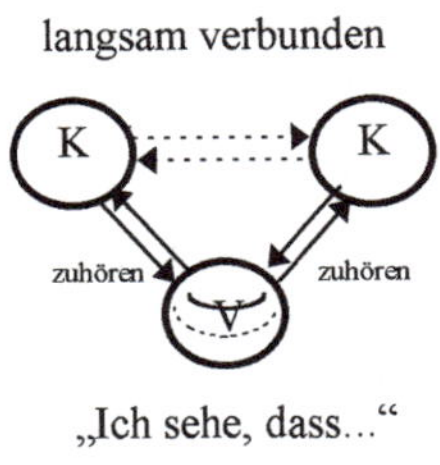

- Vorwürfe, Angriffe „übersetzen" in Ich-Botschaften.
- Erste direkte Kommunikation zwischen den Konfliktpartnern aufbauen.

- „Herr Gerber, sagen Sie einmal bitte was genau aus Ihrer Sicht die Ursache und die Wirkung für Sie ist. Sagen Sie es bitte Herrn Feller direkt. … Nein Herr Feller, bitte warten Sie einen Moment und hören Sie bitte Herrn Gerber zuerst einmal zu. Sie haben gleich Gelegenheit, uns Ihre Sicht zu sagen. Herr Gerber bitte!"

---

4. Begleiten

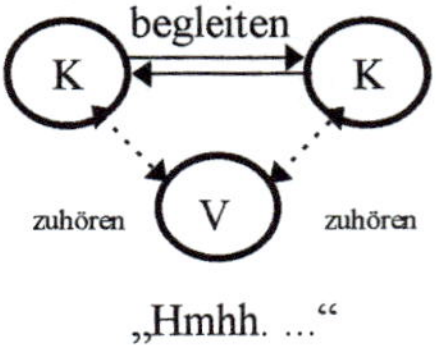

- Direkte Kommunikation zwischen Konfliktpartnern fördern.
- Wenn notwendig: vorhergehende Schritte wiederholen.
- Wenn beide das Problem formuliert haben, folgen die nächsten Problemlöseschritte:
  1. Suchen nach Lösungen
  2. Besprechung zur Bewertung der Lösungen und für die Lösungsauswahl
  3. Besprechung zum Bündeln der Lösungen und zur Erstellung des Handlungsplanes: Wer, was, wann, wie?
  4. Besprechung zur praktischen Durchführung der Lösungen
- „O. k. Welche Lösungsmöglichkeiten sehen Sie jetzt? Herr Feller, Sie zuerst. … Herr Gerber, was meinen Sie dazu? …O. k. Was sind jetzt die nächsten Schritte? Herr Gerber …?"

---

5. Verantwortung abgeben

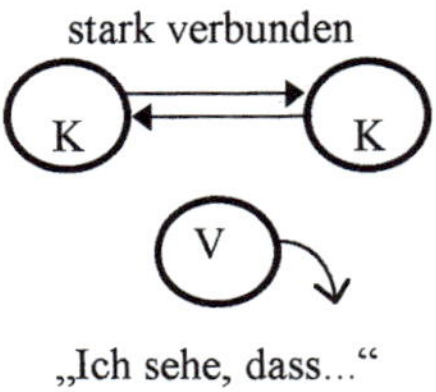

- Bereitschaft für spätere Unterstützung anbieten.
- Spätestens bei Schritt 5 muss die Verantwortung abgegeben werden.
- „Ich bin froh, dass wir diesen Weg gefunden haben. Ich möchte mich an dieser Stelle ausklinken. Wenn Sie mich noch brauchen, stehe ich gerne zur Verfügung."

Schwierige Teilnehmer

In den meisten Meetings gibt es einige Teilnehmer, die durch ihr negatives Verhalten auffallen. Sie gefährden die Sitzung, indem Sie ständig Streit suchen, alles besser wissen oder andere unangenehme Eigenschaften pflegen.

■ *Setzen Sie sich mit schwierigen Teilnehmern auseinander! Wahrscheinlich werden Sie sich dazu überwinden müssen. Indem Sie aber jede kritische Stimme ernstnehmen, beweisen Sie Führungsstärke.* ■

Wie gehe ich mit schwierigen Teilnehmern um?

Die folgenden Persönlichkeitstypen finden Sie häufig in Besprechungen. Hier Tipps, wie Sie mit ihnen am besten umgehen.

Der Streitsüchtige
Hören Sie ihm ruhig zu und reagieren Sie sachlich. Lassen Sie sich bei provozierenden Fragen nicht auf einen Streit ein, sondern geben Sie sie an die Teilnehmer weiter.

Der Ausfrager
Er ist der schlaue Fuchs, der dem Moderator auf den Zahn fühlen will. Lassen Sie sich nicht provozieren! Geben Sie die Fragen an die Gruppe weiter.

Der Ablehnende
Wer seine Kenntnisse und seine Erfahrung anerkennt und nutzt, kann mit seiner Unterstützung rechnen.

Der Alleswisser
Ihn integrieren Sie in die Gruppe, indem Sie ihn um Stellungnahmen bitten.

Der Schüchterne
Loben Sie ihn, stellen Sie ihm ab und zu eine leichte Frage. Das stärkt sein Selbstbewusstsein. Zu dick sollten Sie aber nicht auftragen, sonst zieht er sich wieder zurück.

Der Dickfellige
Er ist uninteressiert. Beziehen Sie ihn ein, indem Sie ihn nach seinem Arbeitsbereich oder seinen Interessen fragen.

Der Erhabene
Gegenüber Kritik ist er empfindlich. Gehen Sie behutsam mit ihm um.

Der Redselige
Wie der Zwischenredner muss er in seiner Redezeit eingeschränkt werden. Dazu eignet sich etwa die 3-Minuten-Regel: Jeder darf nur drei Minuten sprechen.

Der Stille
Manche Teilnehmer warten erst einmal ab, bevor sie sich zu Wort melden. Das kann die unterschiedlichsten Gründe haben: Zurückhaltung, Unsicherheit oder Überheblichkeit usw. Finden Sie heraus, wo die Stärken dieser Teilnehmer liegen, und binden Sie sie ein.

Der Schwatzhafte
Er liebt lange Reden. Unterbrechen Sie ihn taktvoll und bitten

Sie ihn unter Hinweis auf die noch verbleibende Zeit, rasch die wichtigsten Punkte zu nennen.

Die Konkurrenten

Zwischen Kampfhähnen müssen Sie vermitteln. Grundsätzlich ist es natürlich gut, gegensätzliche Standpunkte offen austragen zu lassen. Doch nicht, wenn dabei der Zeitplan außer Kontrolle gerät oder das Arbeitsklima leidet. Es ist wichtig, rechtzeitig zu unterbrechen und andere Teilnehmer einzubinden, da deren Ansichten die allgemeine Erhitzung abkühlen.

Der Fliegengewichtteilnehmer
Seine Beiträge sind irrelevant. Überprüfen Sie, woran es liegt. Hat er aus Versehen eine Einladung bekommen oder zeigt er dieses Verhalten öfter? Dann sprechen Sie mit ihm darüber. Falls er jedoch seine „Hausaufgaben" nicht gemacht hat, weisen Sie ihn darauf hin, dass die Vorbereitung für alle gilt.

Weitere Tipps, mit denen Sie negatives Verhalten in den Griff bekommen:

- Paraphrasieren Sie das, was gesagt wurde! Sie gewinnen hierdurch Zeit, zeigen Souveränität und haben Gelegenheit, Äußerungen zu versachlichen.
- Klären Sie Ungereimtheiten durch Rückfragen!
- Vertagen Sie das Gespräch!
- Bei langweiligen Monologen und für den Fall, dass man sich festgefahren hat: Wechseln Sie das Thema!
- Setzen Sie eine Untergruppe zur Problemlösung ein!
- Lassen Sie das Problem von einer einzigen Person lösen!
- Nehmen Sie Ihren Witz und Humor zu Hilfe! Das entschärft brenzlige und unangenehme Situationen.
- Stellen Sie sicher, dass alle respektiert werden!
- Verlieren Sie die Erkenntnis nicht aus den Augen, dass eine Gesprächsrunde noch lange keine Garantie für konstruktive Zusammenarbeit ist!

Wer fragt, lenkt

Mit Fragen können Sie eine Besprechung gezielt steuern. Wer ein paar Grundregeln kennt, erhält von seinen Gesprächspartnern die gewünschten Informationen, fördert bestimmte Reaktionen und spornt die Gruppe zu mehr Leistung an. Lernen Sie die wichtigsten Frageformen kennen und probieren Sie bei der nächsten Besprechung ein paar der einfachsten aus.

Offene Frage:	• „W-Fragen": Wer, Was, Wo, Wann, Wie etc. • Sie erhalten wichtige Informationen • es wird eine Vertrauensbasis geschaffen und Sie können das Gespräch in gewisse Bahnen lenken • Risiko: Sie verzetteln sich oder der Gesprächspartner schweift ab • „Wo soll die nächste Besprechung stattfinden?"
Geschlossene Frage:	• Frage, die kurz und knapp oder mit ja oder nein beantwortet werden kann • der Nutzen liegt in der kurzen präzisen Antwort – „die Sache wird auf den Punkt gebracht" • das Risiko dieser Frage liegt im „Verhörcharakter" • „Haben Sie das Protokoll gelesen?"
Alternativfrage:	• gibt die Möglichkeit, sich zwischen verschiedenen Antworten zu entscheiden • der Gefragte hat das Gefühl, mit einbezogen zu werden; kann sich aber dadurch bedrängt fühlen • „Wollen Sie den Termin sofort abmachen?"
Suggestivfrage:	• bei ihr wird die Antwort von Ihnen bereits vorausgesetzt. Sie stellen die Frage und der Gefragte hat nur die Möglichkeit mit „JA" oder mit „NEIN" zu antworten • sie führt zu Verunsicherung und ist als Technik bekannt; sie wirkt auf Profis altbacken und wird in manchen Bereichen der Versicherungswirtschaft als unlauter angesehen!

	• „Sie wollen doch sicher eine effiziente Besprechung haben?“
Allgemeine Frage:	• nützlicher Türöffner • konzentrierte Diskussion auf einen Punkt • Teilnehmer stehen nicht im Rampenlicht • „Wie lief es seit der letzten Besprechung?“
Direkte Frage:	• bringt den Überraschten ins Rampenlicht • holt Expertenmeinung, schließt stille Teilnehmer ein • belebt Aufmerksamkeit und beschleunigt Punkte • „Nennen Sie mir bitte die Vorteile Ihres Vorschlages!“
Erneute Frage:	• verhindert Dialog und stellt eine Brücke zum Weitergehen dar • koordiniert den Fortschritt der Diskussion • „Darf ich Sie nochmals bitten, ...“
Umgekehrte Frage:	• verarbeitet Wortspielereien und erlaubt Klärung • „Wenn ich das jetzt umgekehrt darstelle, dann heißt das also ...“
Verzögerte Frage:	• schirmt Opposition ab • erlaubt Teilnahme auch der Stillen und induziert einen Konsens • „Habe ich Sie richtig verstanden, dass ...?“
Standpunkt:	• stimuliert Diskussion und zeigt Ansichten klar an • klärt Situationen und gibt Informationen • „Ich behaupte und provoziere jetzt einfach einmal, dass ...“
Zusammenfassung:	• beschleunigt/verlangsamt Diskussionen • zeigt herausragende Punkte und den Fortschritt an • lenkt die Aufmerksamkeit auf Wichtiges • wechselt das Thema • „Wenn ich jetzt also zusammenfasse, dann ...“

Das Brainstorming

Manchmal drehen sich die Teilnehmer einer Besprechung gedanklich im Kreis und der überzeugende Lösungsvorschlag lässt auf sich warten. Vielleicht dauert die Besprechung auch schon lange an und man ist einfach zu müde um noch zündende Ideen zu entwickeln. Für solche Fälle eignet sich eine Methode der Ideenfindung, die der amerikanische Werbeberater Alex F. Osborn entwickelt hat: das Brainstorming.

Was leistet ein Brainstorming?

- In kurzer Zeit erhalten Sie ein Maximum an Ideen. Es lässt der Phantasie freien Lauf und fordert zum sooft gewünschten, doch nicht selten missbilligten Querdenken heraus. Viele Moderatoren bedienen sich heute des Brainstormings, da es sich in den unterschiedlichsten Situationen bestens bewährt hat.
- Brainstorming befreit von Gedankenblockaden, gerade wenn es öfter in Routinebesprechungen eingesetzt wird. Es sorgt für eine lockere Atmosphäre. Oft entwickeln sich erst in diesem vertrauensvollen Klima ungewöhnliche Lösungsvorschläge.
- Brainstorming ermuntert stillere oder schüchterne Teilnehmer dazu, ihre Anregungen einzubringen. Bei schnell ablaufenden Diskussionen gehen die Vorschläge zurückhaltender Kollegen häufig unter.

Wie gehen Sie vor?

1 Sie wählen einen Raum mit angenehmer Atmosphäre und einen Termin, an dem alle stressfrei teilnehmen können.

2 Sie benennen einen Leiter.

3 Sie bestimmen die Dauer: 15 oder 30 Minuten.

4 Sie beschreiben das Problem und grenzen es ein, evtl. schon vor dem Brainstorming oder Kurzvortrag eines Experten.

5 Fordern Sie die Teilnehmer auf, alles zu äußern, was ihnen einfällt, auch wenn es noch nicht „zu Ende" gedacht ist.

■ *Beim Brainstorming gilt die wichtige Grundregel: Sagen Sie das, was Ihnen zu dem Problem durch den Kopf geht. Denken Sie laut! Es gibt keine richtigen oder falschen Ideen.* ■

6 Halten Sie als Leiter alle Anregungen schriftlich fest. Werten Sie nicht, greifen Sie nicht ein!

Wie werten Sie aus?

Es gibt zwei Möglichkeiten: Entweder werten Sie sofort alle Lösungsansätze aus, indem Sie sie nach Gesichtspunkten einteilen wie

- praktikabel
- schwierig umzusetzen
- nicht zu gebrauchen

Dann bündeln Sie die praktikablen Ansätze. Darauf aufbauend erarbeiten Sie einen Handlungsplan.

Oder aber Sie werten erst aus, nachdem alle Teilnehmer das Protokoll erhalten haben mit der Bitte, nachträgliche Ergänzungen zu liefern. Lassen Sie dann von einem Projektteam die besten Ideen auswählen und realisieren. Informieren Sie die Teilnehmer über das Ergebnis und bedanken Sie sich für ihre Mitarbeit!

Test: Wie gut habe ich moderiert?

Vielleicht haben Sie kürzlich eine Besprechung geleitet, sich mithilfe unserer Tipps vorbereitet und fragen sich nun: Habe ich alles richtig gemacht?
Unser Test hilft Ihnen, darauf eine Antwort zu finden. Überprüfen Sie anhand der Fragen Ihre Fähigkeiten als Moderator und loten Sie noch bestehende Schwächen aus! Noch besser ist es natürlich, wenn Sie Ihre Mitarbeiter bitten, Sie zu bewerten. Dazu gehört zwar ein bisschen Mut, doch Ihre Zuhörer wissen natürlich am besten, wie Sie die Besprechung geführt haben.

Checkliste: Die Leistung des Vorsitzenden in der Besprechung

1	Machte er die Ziele der Besprechung klar?	alle 5 einige 2 keine 0
2	Führte er die Programmpunkte ordentlich ein?	alle 5 einige 2 keine 0
3	Fasste er oft und effektiv genug zusammen?	immer 5 manchmal 2 nie 0
4	War er zu streng oder zu lasch?	angemessen 5 streng 2 lasch 0

5	Sicherte er eine ausgewogene Beteiligung?	immer 5 manchmal 2 nie 0
6	Motivierte er Einzelne und die Gruppe als Ganzes?	gerade richtig 5 manchmal 2 nie 0
7	Trug er selber zur Besprechung bei?	gerade richtig 5 zu wenig 0 zu viel 0
8	Waren die Beträge des Leiters relevant oder kam er vom Thema ab?	relevant 5 irrelevant 0 immer 5
9	Hielt er die Regeln der Besprechung ein? immer 5	manchmal 2 nie 0
10	Übernahm ein anderer die Rolle des Leiters?	manchmal 2 nie 0
11	Hielt er sich an die Zeitvorgabe?	ja 5 nein 0
12	Machte er die Gruppe auf die erreichten Fortschritte aufmerksam?	immer 5 manchmal 2 nie 0
13	Wurden die Ziele der Besprechung erreicht?	völlig 5 einige 2 überhaupt nicht 0
Gesamtsumme (… : 65) x 100 = … %ige Zufriedenheit		

Wie Sie Besprechungen nacharbeiten

Wozu ein Protokoll?

Im Protokoll halten Sie die Ergebnisse Ihrer Besprechung fest. Dieses Dokument erleichtert Ihnen die Arbeit wesentlich, wenn Sie beispielsweise eine Erfolgskontrolle durchführen oder zu einem späteren Zeitpunkt bestimmte Punkte erneut aufgreifen und sich über den Stand der Dinge informieren wollen. Das Protokoll kann darüber hinaus wichtige Impulse für das nächste Meeting liefern.
Mithilfe eines Protokolls stellen Sie außerdem sicher, dass die Teilnehmer Beschlüsse und Ergebnisse richtig verstanden haben.
Nicht zu unterschätzen ist auch der historische Wert von Protokollen: Sie zeigen uns, wie Probleme in der Vergangeheit analysiert und gelöst wurden. So lernen wir aus Erfahrungen Vorgehensweisen für die Zukunft.

Was zeichnet den Protokollanten aus?

Der Protokollant sollte sorgfältig ausgewählt werden. Nicht jeder Mitarbeiter weiß Wichtiges von Unwichtigem zu trennen. Er muss ferner in der Lage sein, die Gedankenschritte innerhalb der Besprechung zu verfolgen und darf auch dann nicht den Überblick verlieren, wenn es in einer Diskussion

plötzlich heiß hergeht. Darüber hinaus sollten Sie sicherstellen, dass er Fakten von Meinungen unterscheiden kann und sich mit eigenen Bewertungen zurückhält.
Wir empfehlen Ihnen, sich das Protokoll, zumal wenn es unerfahrenere Protokollanten verfasst haben, abschließend zeigen zu lassen. So vermeiden Sie mögliche unangenehme Überraschungen!

■ *Wann immer Sie einen Protokollanten auswählen: Sorgen Sie dafür, dass dies nicht zufällig geschieht und der ausgewählte Mitarbeiter die Aufgabe freiwillig übernimmt! Sie ersparen sich viel Zeit und Ärger, wenn Sie den Protokollanten sorgfältig aussuchen und seine Rolle und Aufgabe im Voraus mit ihm besprechen. Ein in der Firma eingeübter Präsentationsstandard und feste Regeln für das Protokoll sind neuen, unerfahrenen Protokollanten übrigens eine große Hilfe!* ■

Welche Aufgaben übernimmt der Protokollant?

- Er entlastet den Besprechungsleiter, indem er Beschlüsse, Ergebnisse oder Vereinbarungen während der Sitzung schriftlich festhält.
- Er stellt sicher, dass alle im Verteiler angegebenen Personen das Protokoll zur gleichen Zeit (nach Möglichkeit innerhalb von drei Tagen nach der Sitzung!) erhalten.
- Er sorgt dafür, dass Protokolle sauber abgelegt werden.
- Er überwacht die Durchführung von Aktivitäten.
- Er wirkt als „neutrale" Stelle, indem er kritische Punkte, die sorgfältig im Protokoll formuliert sein wollen, mit den Teilnehmern klärt.

Welche Inhalte hat ein Protokoll?

1 Das Thema der Besprechung

2 Die behandelten Punkte und den Verlauf der Besprechung

3 Alle Ergebnisse und geplanten Maßnahmen

4 Offen gebliebene Punkte

5 Die weitere Vorgehensweise und den Termin für die nächste Zusammenkunft

■ *Stenographieren Sie nicht mit, sondern fassen Sie lieber gleich die Kernpunkte zusammen. Die wörtliche Wiedergabe einer mehrstündigen Sitzung schreckt durch ihren Umfang ab und erschwert die schnelle Orientierung.* ■

Welche Angaben dürfen nicht fehlen?

1 Teilnehmer, Verteiler (zur Info an ...)

Nennen Sie auch Abwesende namentlich, dazu gehört evtl. auch ein Vermerk, ob die betreffende Person entschuldigt oder unentschuldigt fehlte. Zwecks Termindisziplin empfiehlt es sich, auch die zu spät Kommenden namentlich aufzuführen.

2 Besprechungsort, Datum, Zeit und Dauer der Besprechung

3 Betrieb, Abteilung, Arbeitsgruppe bzw. Dienststelle

4 Unterschrift des Protokollführers und ggf. des Besprechungsleiters oder Weisungsbefugten (selten aller Teilnehmer)

5 Diejenigen Mitarbeiter, die einen bestimmten Beschluss in die Praxis umsetzen sollen, werden namentlich genannt. Nennen Sie auch die Person, die den Bericht der ausführenden Mitarbeiter erhalten soll.

Was gehört zu einer guten Form?

1. klare und kurze Sätze
2. gut gegliederte Abschnitte nach Sinneinheiten
3. Ziffern, Absätze, Unterstreichungen zur Orientierung
4. rechts neben dem Maßnahmenkatalog eine Spalte für „Verantwortliche und Termine"
5. gut beschriftete Beilagen (z. B. statistische Daten) mit Quellenangabe

Vermeiden Sie Schlagwörter, umgangssprachliche Ausdrücke, doppeldeutige oder missverständliche Begriffe. Sie schaffen nur Verwirrung!

Checkliste für Ihr Protokoll

In der folgenden Checkliste finden Sie nochmals alle wichtigen Punkte, die Sie bei der Abfassung Ihres Protokolls berücksichtigen sollten.

1. Formale Angaben zur durchgeführten Besprechung	• Betrieb, Abteilung, Arbeitsgruppe, bzw. Dienststelle • Besprechungsort, Datum, Zeit und Dauer der Besprechung • Teilnehmer, Verteiler, („zur Information an ...")	
	• Thema/Ziel der Besprechung	

2. Anforderungen an einen guten Protokolltext	• Inhalt	• behandelte Themen • Verlauf der Besprechung • geplante Maßnahmen • Folgeaktivitäten
	• Form	• Text kurz und klar • Ziffern, Absätze, Einrücken, Unterstreichen usw. zur Strukturierung • gut gegliederte Texte • rechts neben dem Maßnahmenkatalog eine Spalte für „Verantwortliche + Termine"
3. Ergänzende Angaben zum Protokoll	• Beilagen (z. B. statistische Daten), gut beschriftet, mit Quellenangabe • Offen gebliebene Punkte • Termin für die Einreichung von Berichtigungen zum Protokoll • Nächste Zusammenkunft: Ort, Zeit, Ziel • Datum der Protokollverteilung • Unterschriften: Protokollführer und – wenn erforderlich – Besprechungsleiter oder Weisungsberechtigter; in seltenen Fällen auch Teil-	

Das gute Protokoll – zwei Beispiele

Protokoll der Besprechung zwischen Geschäftsleitung und Betriebsrat: Aktuelle Situation

Zeit und Ort: 27.3.2003, 15.00 in Berlin

Anwesend: Betriebsräte der Firma ... GmbH: Herren Fauser, Dietrich, Hansperger, Frl. Smith
Firma ... GmbH: Herren Dr. Steller, Tronkler, Frei

Tagesordnungspunkte:

1. Allgemeine Information
- Herr Dr. Steller informiert über die Geschäftslage. Sie ist im Moment ...
- Des Weiteren stellt er das Produktionskonzept bis 2004 vor (siehe Anlagen).
- Aufgrund des Produktionskonzeptes kommt es zu Umschichtungen im Organigramm. Diese werden beschrieben (siehe Anlagen) und gemeinsam diskutiert. Der Betriebsrat behält sich weitere Schritte vor.

2. Problembereiche
- Herr Fauser informiert über Unzufriedenheit in einer Abteilung in Bezug auf die dortige Lohnregelung – bei zusätzlichen Überstunden an den Wochenenden. Lösungsansätze wurden aufgezeigt. Eine Entscheidung wird in der nächsten Besprechung mit dem Personalchef getroffen werden.

3. Nächste Besprechung wird, wie bereits geplant, für den 2.4.2003, wiederum am gleichen Ort angesetzt.

4. Anlagen: Organigramm P/Bi 6.2.2003

Protokoll: 14. Sitzung Nr. 14/90 vom 20. Oktober 2001

Teilnehmer: RP, CF, CB, AS, Ro

Zweck: Kontrolle der eingeleiteten Maßnahmen im Bereich S

1. Die von CB eingeleiteten Maßnahmen zur Verbesserung der Kundenkontakte (Beratung mit Mitarbeitern und Durchführung von Vorschlägen) wurden durchgeführt. CB sieht erste Veränderungen: weniger telefonische Reklamationen von Kunden.

2. RP sollte den Bereich „Dienste" in Bezug auf die Weiterbildungsmaßnahmen beraten. Mit der Abteilung wurden sowohl externe wie auch interne Möglichkeiten zur Definition ihrer Bedürfnisse geklärt und die Entscheidung über das zukünftige Ausbildungskonzept wird noch diesen Monat spruchreif sein.

Kommunikation – Basis für erfolgreiche Besprechungen

Was ist das?

Wir bemühen erst gar nicht das Lexikon oder die wissenschaftliche Literatur und verständigen uns auf: Kommunikation als jede Form der Verständigung.

Das Werbeplakat, die rote Ampel, der Schiedsrichterpfiff, die Home-Page im Internet, Ihre Tageszeitung, alle wollen sich Ihnen verständlich machen. Und wenn Sie Ihren Kindern zuwinken, sich in das Gipfelbuch eintragen, sich am Kopf kratzen, den Telefonhörer auf die Gabel knallen, heute auf Ihre Krawatte verzichten, immer teilen Sie sich mit, absichtlich oder unabsichtlich, und werden verstanden oder missverstanden. Paul Watzlawick, der Kommunikations-Guru, sagt sogar:

„Man kann nicht nicht kommunizieren."

Und wenn Sie noch so wortlos drei Stockwerke mit einem anderen im Lift fahren, was passiert nicht alles: Den Blick senken, verstohlen den anderen beobachten, überprüfen, ob man auch beobachtet wird, den nicht vorhandenen Bauch einziehen, ein neutrales Gesicht machen usw. Was haben Sie nach 30 Sekunden nicht schon alles über sich mitgeteilt! Aber, was hat der andere wahrgenommen. Hat er Sie gesehen? Oder hat er sich ein falsches Bild von Ihnen gemacht?

Ich sehe doch, was ist! –
Nein, Sie sehen nur, was Sie sehen!
Sie sehen nur, was Sie sehen wollen!
Sie sehen nur, was Sie sehen sollen!
Sie sehen nur, was Sie schon kennen!

Sehen Sie sich die folgenden Beispiele an – vielleicht sind Sie Ihnen bekannt – und testen Sie sich!

Eine Vase ganz klar! Nein, zwei Gesichter. Jetzt sehe ich wieder die Vase.

Oder in diesem Bild: Welche der beiden Damen gefällt Ihnen besser? Oder sehen Sie nur eine? Es sind aber zwei mit großem Altersunterschied!

Oder: Sie treffen auf dem Gang Ihren Chef, der Sie mit den Worten begrüßt: „Es ist neun Uhr, schön, dass Sie schon da sind. Da können wir ja anfangen."

Freuen Sie sich über die Zeitauskunft, freuen Sie sich über seine Freude, Sie zu sehen, freuen Sie sich, dass die Besprechung losgeht?

Oder ärgern Sie sich vielmehr über den pedantischen Hinweis auf Ihr Zuspätkommen und den ironischen Tadel, dass alle warten mussten?

Der gleiche Wortlaut: zwei geradezu gegensätzliche Botschaften!

Selbst die eindeutig rote Ampel an der Straßenkreuzung ist in der Nacht für einen Farbenblinden überhaupt nicht mehr eindeutig.

So einfach ist das also nicht mit der Kommunikation. Wenn wir aber Kollisionen auf der Kreuzung, Missverständnisse, falsche Sichtweisen, Fehlinterpretationen und daraus folgend Ärger, Streit, Aggression, Kündigung, Mobbing, Demotivation vermeiden wollen, dann lohnt es sich zu fragen:

Wie funktioniert Kommunikation?

Scheinbar ist alles ganz einfach:

Es gibt einen Sender und einen Empfänger und der eine sagt etwas zum anderen.

Das folgende Modell zeigt jedoch, dass die Situation, die Erwartungen und Absichten, die Kompetenzen und Einschätzungen entscheidend sind.

Nun gibt es Fachleute, die zu dieser Fragestellung Modelle entwickelt haben.

Das folgende sieht kompliziert aus und ist doch ganz einfach:

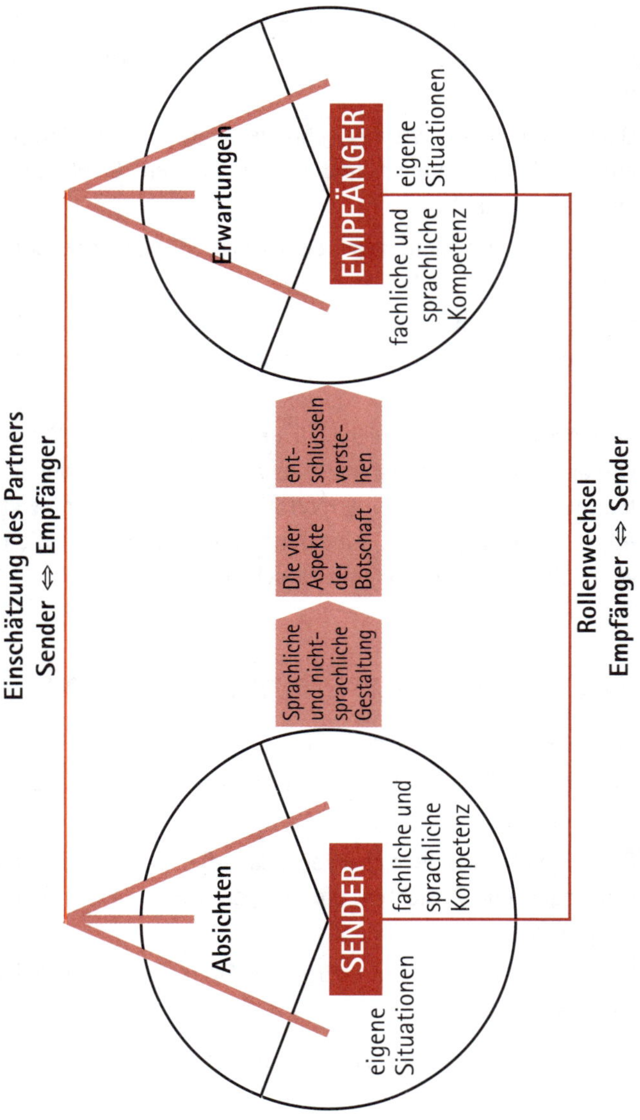
Einschätzung des Partners
Sender ⇔ Empfänger
Absichten
SENDER
eigene Situationen
fachliche und sprachliche Kompetenz
Sprachliche und nicht-sprachliche Gestaltung
Die vier Aspekte der Botschaft
ent-schlüsseln verste-hen
Erwartungen
EMPFÄNGER
fachliche und sprachliche Kompetenz
eigene Situationen
Rollenwechsel
Empfänger ⇔ Sender

Sender/Empfänger

Sie sind immer beides. Denn erst mit der Rückmeldung durch den Partner – jetzt sind Sie der Empfänger! – ist klar, dass und wie die Botschaft angekommen ist. Stellen Sie sich nur einen Schauspieler ohne Publikum vor!

Wichtig für Sie:

Ohne Antwort ist Ihre Botschaft nichts wert.

Eigene Situation

Das ist nichts Neues für Sie: Wie geht es mir? Bin ich gut drauf? Geht mir alles Mögliche im Kopf herum? Stehe ich unter Druck? Wichtig ist für Sie, diese Fragen für sich beantwortet zu haben. Sie müssen ihre Situation kennen, damit Sie sich darauf einstellen können.

Wichtig für Sie:

Nur wer sich kennt, kann den Partner überzeugen.

Kompetenzen

Damit sind Ihre fachlichen und sprachlichen Möglichkeiten gemeint. Das ist klar: Fehlen Ihnen die genauen Fakten, dann bringen Sie zur Besprechung Ihren Referenten mit. Kennen Sie sich als geschickten Rhetoriker, dann behalten Sie die Gesprächsführung!

Wichtig für Sie:

Wer seine persönlichen Ressourcen kennt, spart sich andere.

Absichten

Auch das wissen Sie: Ohne ein klares Konzept, ohne Ihre Maximalvorstellungen, ohne Ihr „letztes Angebot" sollten Sie in keine Verhandlung, in kein Gespräch gehen. Sie müssen wissen, was Sie wollen. Nur dann können Sie es auch Ihrem Partner klar machen.

Wichtig für Sie:
Nur wenn ich weiß, was ich will, setze ich es auch durch.

Einschätzung

Die vielen Pfeile auf der Skizze zeigen nur, dass wir das, was wir von uns wissen sollten, beim Partner auch gerne wüssten. Manches teilt er uns mit, wenn auch nicht freiwillig, anderes verschweigt er gerne. Also sind wir auf Beobachtungen und Vermutungen angewiesen. Deren Ergebnis beeinflusst unsere Botschaft, unsere Gesprächsführung wesentlich.

Wichtig für Sie:
Je geschickter meine Wahrnehmung, desto klarer meine Botschaft, desto erfolgreicher das Gespräch.

Erinnern Sie sich noch an Watzlawicks Ausspruch?

Von ihm stammte die erste der folgenden Thesen:

1. These
Man kann nicht nicht kommunizieren.

2. These
Tatsache ist nicht, was ich sage, sondern was der andere versteht.

3. These
Missverständnisse gehen immer zulasten des Senders.

4. These
Man verständigt sich immer auf vier Ebenen.

Die vier Ebenen der Kommunikation

Schon wieder begegnet Ihnen der Chef, schon wieder sind Sie etwas spät dran, schon wieder sagt er: „Mein Lieber, es ist neun Uhr!"

Was meint Ihr Chef nur damit? Will er sagen:

1 „Was Sie vielleicht nicht wissen können, es ist neun Uhr." oder

2 „Ihr unpünktliches Verhalten macht mich langsam sauer." oder

3 „Kommen Sie in Zukunft gefälligst pünktlich!" oder

4 „In meinem Betrieb gelten auch für Sie Regeln."

Sicherlich werden Sie antworten: „Die erste Möglichkeit scheidet sehr wahrscheinlich aus." – Aber genau das hat er doch wortwörtlich gesagt. Und Sie sagen: „Jedoch nicht gemeint!" Richtig!

Was also meint der Chef? Er teilt immer alle vier Botschaften mit. Er meint aber immer eine etwas stärker oder fast ausschließlich. Sehen wir sie uns im Einzelnen an:

Sie referieren die Auftragszahlen des letzten Monats vor der Geschäftsleitung. Da geht es um Fakten, um Informationen, die Sie gut aufbereitet, also auch anschaulich darbieten:

1. Ebene

Die Sachebene oder der „es"-Aspekt: die logische Aussage
Die Sache, die Information steht im Vordergrund. Trotzdem können und wollen Sie vermutlich gar nicht verhindern, dass Ihre Einschätzung der Fakten durchscheint. Immerhin wollen

Sie zeigen, dass Sie mit Ihrer Voraussage recht gehabt haben. Sie teilen also etwas von sich mit:

2. Ebene

Die Ausdrucksebene oder der „ich"-Aspekt: Ihre Meinung zur logischen Aussage

Es kann Ihnen also durchaus passieren, dass einer Ihrer Gesprächspartner nur auf Ihre Einschätzung hört, zumal er vielleicht die Daten schon kennt. Und er vermeint auch eine gewisse Aufforderung an die Ansprechpartner herauszuhören, dass sie ihre Einschätzung der Lage übernehmen sollten.

3. Ebene

Die Appellebene oder der „du"-Aspekt: wie Sie die Aussage dem Adressaten vermitteln

Aber darin steckt nun noch eine weitere Botschaft. Sie teilen nämlich auch etwas über Ihre Beziehung zu den anderen mit: Ich bin nicht nur geeignet, Fakten vorzutragen. Mit meiner Einschätzung der Fakten bin ich für diesen Kreis kompetent. Ich fühle mich in diesem Kreis gleichberechtigt:

4. Ebene

Die Beziehungsebene oder der „ich-du"-Aspekt: Ihr Verständis zum Adressaten

Folgende Fakten sollten sie wissen:

- Jede Botschaft enthält immer alle vier Aspekte.
- Die vier Aspekte bedingen sich gegenseitig.
- Ein Aspekt steht immer im Vordergrund, ist gemeint.
- Wenn zwei dasselbe sagen, meinen sie Verschiedenes.
- Wer nicht alle vier Aspekte hört, hört nichts.

Noch ein Beispiel:

Ihr Mitarbeiter, Herr Mauler, sagt zu Ihnen: Also, Frau Langer am Computer macht mich mit ihrer Langsamkeit wahnsinnig."

Was haben Sie gehört?

1 Frau Langer arbeitet langsam.

2 Herr Mauler ist mit unserer Sekretärin unzufrieden.

3 Ich soll wohl ein Machtwort sprechen.

4 Herr Mauler kritisiert meine Personalentscheidung.

Stellen Sie sich nun vor, Herr Mauler hatte vor allem den 1. Aspekt im Auge, und Sie haben den 4. Aspekt herausgehört. Wenn das nicht zu einem handfesten Konflikt führt! („Also von Ihnen lasse ich mir nicht vorschreiben, wen ich einstelle." – „Aber ich wollte nur mitteilen, dass der Montag-Termin platzen könnte". – „Nein, nein, Sie kritisieren ständig an meinen Entscheidungen herum." – „Aber das ist eine Unterstellung, die ich mir nicht bieten lassen muss." ... und so weiter und so fort ...)
Wie finden Sie aber nun den richtigen Aspekt und damit die richtige, weil entsprechende Antwort? Na klar, das sieht man ihm doch an!

Die nonverbale Kommunikation

Der Mensch bedient sich zweier Sprachen:

der gesprochenen Sprache, die verbale Sprache (hörbar) und der Körpersprache, die nonverbale Sprache (sichtbar).

Die sichtbare Mitteilungsform ist die weitaus ältere in der Menschheitsgeschichte. Zunächst hat sich der Mensch durch Zeichen verständigt, bevor er sich die ersten „Lautzeichen" zurechtgelegt hat. Viele dieser Zeichen werden weitergegeben, gelten über Sprachgrenzen hinaus und sind deshalb leichter zu verstehen. Dass viele davon in uns angelegt sind und deshalb unbewusst verwendet werden, führt dazu, dass sie auch glaubhafter sind. Manche behaupten sogar, der Körper lüge nie.

Erinnern Sie sich an den Aufenthalt im Lift? Kein Wort wurde gesprochen, aber die Augen gingen hin und her, die Körperhaltung wurde kontrolliert, das Gesicht erhielt eine unbeteiligte, coole Miene, vielleicht verschwand auch eine Hand in der Hosentasche und sie suchten sich ein Eck in dem engen Raum, vielleicht fuhr auch Ihre Hand noch korrigierend durchs Haar. Und Ihr Gegenüber hat einen Eindruck von Ihnen bekommen, ob Sie nun wollten oder nicht. Man kann sich eben nicht nicht verhalten!

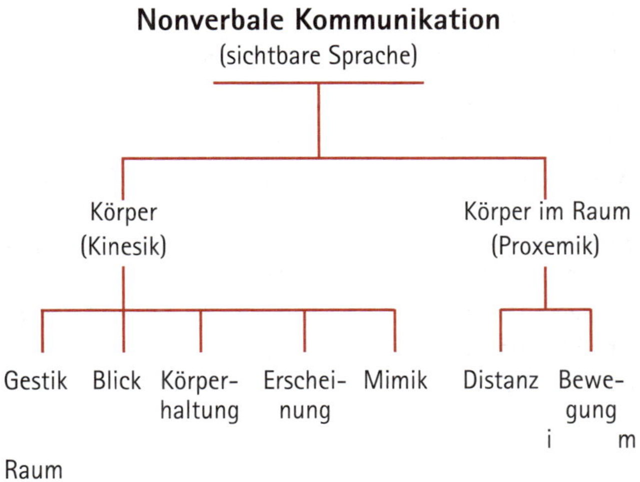

Mimik

Mit ihr teilen Sie vor allem Botschaften zur Beziehungsebene mit. Sie erinnern sich? Es ging um das Entschlüsseln der Ebenen. Die Mimik verrät uns, verrät uns aber auch viel vom anderen!

Beispiele für verräterische Signale:

- Mund öffnen (Erstaunen)
- Geweitete Augen (Schrecken, Entsetzen)
- Stirnrunzeln (Unsicherheit, Überlegen)
- Lächeln (freundliche Grundhaltung)
- Mundwinkel nach unten (Missbilligung)
- Mundwinkel nach oben (Arroganz)
- Augen schließen (Abwehr, Nachdenken)
- Lippen zusammenpressen (Sturheit, Ärger)

Wichtig für Sie:
das freundliche Gesicht, das Lächeln und das Lachen

Sie gehen in eine Besprechung mit konzentriertem Gesicht. Ihr Chef, Ihre Mitarbeiter sehen aber Stirnfalten zwischen den Augenbrauen und leicht nach unten gezogene Mundwinkel und glauben, bei Ihnen Missgelauntheit, Unbehagen, Ärger zu entdecken. Sie spüren die Wucht der Verantwortung und zeigen dies durch bedeutungsvolle Mimik, gewissermaßen ein feierlicher Ernst. Die Besprechungsrunde entdeckt jedoch eine Missstimmung, die sie unter Umständen sogar auf sich bezieht. Wie wollen Sie da überzeugend wirken?

Gestik

Wissen Sie eigentlich, was Ihre Hände erzählen, während Sie reden?

Ein paar Beispiele:

- die Hand zur Faust verkrampfen (verhaltener Zorn)
- die Hand vor dem Mund (während des Sprechens: Unsicherheit; nach dem Sprechen: das Gesagte zurücknehmen wollen)
- Arme und Hände unter dem Tisch (Unsicherheit)
- den Finger zum Mund (Verlegenheit oder Nachdenken)
- die Hände in den Hüften (Imponiergehabe, Entrüstung)
- die Hände wie ein Spitzdach geformt gegen den Partner richten (sich gegen jeden Einwand wehren)

Sie müssen sich darüber im Klaren sein, dass Ihr Gesprächspartner genauso gut decodieren (interpretieren) kann wie Sie. Es lohnt sich also auf die eigenen Hände zu sehen.

Wichtig für Sie:

1 Es gibt drei Bereiche für die Wirkung von Gesten:

Kinnhöhe bis ca. 10 cm über Gürtellinie: _____ positiv!
Gürtellinie ± 10 cm :________________________ neutral!
unterhalb der Gürtellinie: ___________________ negativ!

Im Sitzen wirkt sich das nicht aus, denn Sie haben die Hände immer über dem Tisch! Im Stehen allerdings sollte es Ihnen gelingen, die Hände vor der Brust zu halten.

2 Hände in den Hosentaschen? Allenfalls eine! Die zweite muss mit den Partnern reden. Doch Vorsicht! Üben Sie keine Gesten ein, sondern lassen Sie Ihren Händen freien Lauf. Hände hinter dem Rücken? Nie!

3 Wenn Ihnen zwei Hände zu viel sind, suchen Sie Ihre „Redehand"! Das ist meistens die, die Sie nicht in Ihrer Hosentasche verstecken möchten. Die Hosentaschenhand machen Sie zur „Konzepthand"! Die Karteikarte mit ein paar Daten fixiert Ihre scheinbar überflüssige Zweithand in der neutralen Ebene und lässt sie auch noch nützlich und bedeutend erscheinen.

4 Seien Sie spontan und natürlich! Das steht in allen Rhetorikbüchern. Nur, wie übt man Spontaneität? Vergessen Sie es!

Blickverhalten

„Die Augen sind der Spiegel der Seele“ oder auch: „Der Schlüssel zur Seele“. Wir sprechen von „Liebe auf den ersten Blick“. Wir können jemanden „mit Blicken festnageln“. Also spricht man besser von Blickkontakt. Wer nicht den Blick erhebt, signalisiert Unsicherheit, schlimmer noch, Unterlegenheit. Vom Anstarren wiederum geht Bedrohung aus.
Im Gegensatz zur Gestik lässt sich der Blickkontakt üben. Es lohnt sich also auf dieses Thema einen Blick zu werfen.

Wichtig für Sie:

1. Schauen Sie Ihre Gesprächspartner an! Suchen Sie den Kontakt! Sie sollten auch in einer Runde von acht Personen innerhalb von einer Minute mit allen Teilnehmern wenigstens einmal Blickkontakt gehabt haben.
2. Suchen Sie sich zu Beginn einen „Freund“! Das sollte jemand sein, der auch bereit ist, Sie anzuschauen.
3. Der Blick zum Fenster, zur Decke, zur Tür (drei Fluchtmöglichkeiten!) signalisiert Fluchtverhalten.
4. Schauen Sie nie einen Gesprächspartner zu lange an, es sei denn, Sie wollen ihn verunsichern!
5. Vermeiden Sie den „Scheibenwischerblick“! Wie er aussieht, können Sie sich denken. Offensichtlich sind Sie zu nahe an den Partnern dran (vgl. Proxemik!).
6. Erst anschauen, dann reden! Also zunächst die Blickverbindung!

Körperhaltung, Körperbewegung

Sitzen Sie in der Besprechung hinter einem Tisch, dann beschränken sich die Mitteilungsmöglichkeiten ihres Körpers. Erheben Sie sich aber um am Overheadprojektor oder vor der Flipchart zu referieren, dann ist es gut, wenn Sie „mit beiden Beinen auf dem Boden stehen". Schauspieler nennen diese Grundhaltung „Die Brücke", die sich mit Becken und Beinen über dem Boden wölbt.

Wichtig für Sie:

1. Studieren Sie Filmaufnahmen von Ihren Auftritten, oder lassen Sie sich durchaus einmal mit der Video-Kamera aufnehmen! Denn keiner sagt Ihnen, dass Sie möglicherweise schief dastehen.
2. Nur wenige Winkelgrade, die Ihr Oberkörper nach vorne oder nach hinten geneigt ist, entscheiden darüber, ob Sie als hilfesuchend und unsicher oder als besserwisserisch und arrogant empfunden werden. Sie wissen ja: Ihre Einstellung zählt nicht; nur was der andere wahrnimmt.

Der Körper im Raum (Proxemik)

Der Regisseur im Theater legt für jeden Akteur zu jeder Sekunde dessen Standort und Bewegungen auf der Bühne fest, weil er weiß, dass der Platz (Zentrum, Bühnenrampe, Hintergrund), die Nähe oder Distanz zu anderen Personen und die Bewegungen im Raum bereits Signale aussenden. So wird ein dynamischer Auftritt immer in der Diagonale erfolgen, und der große Herrscherauftritt geschieht im Zentrum aus dem Bühnenhintergrund nach vorne. Damit ist natürlich nicht Ihr Auftritt im Besprechungsraum gemeint!

Wichtig für Sie

1. Achten Sie grundsätzlich auf die Distanz-Zonen! Die Intimdistanz (bis etwa 60 cm = Armlänge + Faust) sollten Sie bei keiner Gesprächssituation unterschreiten.
2. Die persönliche Distanz (60 cm bis 150 cm) ist gut für das Gespräch. Wollen Sie mit einem Ihnen nicht Bekannten in Kontakt kommen, müssen Sie in diese Distanz eindringen.
3. Bauen Sie nicht zwischen sich und den Gesprächspartnern Barrieren auf (Ordnerstapel, Projektor, stehende Aktentasche etc.)!
4. Wählen Sie die Ansprachedistanz (150 cm +) so, dass Sie den Scheibenwischerblick (oder auch Tenniszuschauerblick) vermeiden!
5. Vorsicht vor dem „Wächtergang"! Sie kennen diesen Kollegen; er wandert, während er doziert, am Gesprächstisch auf und ab und die anderen fühlen sich als seine Gefangenen.
6. Beim Zweiergespräch empfiehlt sich die 90-Grad-Anordnung. Ob Sie stehen oder sitzen, sprechen Sie nie in Gegenüberstellung! Einer von beiden fühlt sich immer bedroht, weil angestarrt. Beide sollten die Gelegenheit haben, ihren Blick am Partner vorbei in die Ferne schweifen zu lassen.

Was leistet die nonverbale Kommunikation?

Wie oben schon angedeutet wurde, produziert der Körper Sprache, die zu einem Teil nicht steuerbar ist, da sie genetisch festgelegt oder in einem langen Prozess erlernt und automatisiert ist.
Diese Signale aber wirken auf den anderen glaubhafter als gesprochene, unabhängig davon, ob sie bewusst und absichtsvoll ausgesandt worden sind. Das Telefongespräch versagt Ihnen die Informationen der Körpersprache; deshalb ist Ihnen das Gespräch im Augenschein lieber.

Die Körpersprache

- ersetzt die gesprochene Sprache (Kopf schütteln, deuten ...)
- unterstreicht sie (Faust auf dem Tisch, streicheln, Zeigefinger)
- verändert sie (fragende Mimik, Drehen der Hand)
- signalisiert die innere Einstellung
- betont die Beziehung zu dem Partner

Wichtig für Sie:

1 Entsprechen (korrespondieren) sprachliche und nichtsprachliche Botschaft, so entsteht ein hohes Maß an Glaubwürdigkeit, es entsteht Vertrauen, Autorität.

2 Passen die Botschaften nicht zueinander, neutralisieren sie sich gegenseitig. Der Anschiss in lockerer Haltung lässt noch hoffen.

3 Widersprechen sich die Botschaften (verbal: „Großartige Leistung!", nonverbal: „Eigentlich unsinnig!"), so wirken Sie unglaubwürdig, Ihre Überredungs- und Überzeugungskraft sinkt.

4 Widersprechen sich die Botschaften, ist man geneigt, der nonverbalen eher zu glauben („der Körper lügt nicht.")

5 Widersprechen sich Botschaften, glaubt man eher der negativen, gleichgültig, ob verbal oder nonverbal.

Was also tun

Denken Sie zurück an die vier Ebenen der Verständigung, die so viele Missverständnisse zulassen, und an die nonverbale Kommuikation, bei der auch vieles schiefgehen kann!
Ziel muss sein, die Verständigung so zu gestalten, dass es nicht zu Missverständnissen kommt. Das heißt also,

- die äußere Situation (technische Bedingungen, Sitzordnung, akustische und optische Wahrnehmbarkeit) organisieren,
- hör- und sichtbare Signale in Einklang bringen,
- Sprache und Körpersprache lernen,
- den gemeinten Aspekt (ich-, du-, es-, ich/du-Aspekt) betonen,
- zuhören können.

Kommunikationssperren

Was ist das?

Wenn sich Ihnen eine Person mitteilt – mit einem Problem zu Ihnen kommt – werden Sie ihm/ihr in der Regel mithilfe bestimmter Formulierungen helfen wollen. Sie werden einen Ratschlag oder Hinweise geben oder mithilfe gezielter Fragen das Problem selber verstehen wollen. Diese Hilfe mit bestimmten Formulierungen wird mehr schaden als nützen, wie Sie im Folgenden gleich feststellen werden.

Die Formulierungen blockieren den Kommunikationsfluss Ihres Gesprächspartners. Diese Kommunikationssperren lösen Widerstand, Verteidigung, Wut und Abneigung aus. Die Sperren verhindern, dass der Partner nicht weiter bereit ist, sich mitzuteilen. Auch führen solche Sperren dazu, dass der andere seine Lösung nicht selber finden kann. Untersuchungen zeigen, dass Kommunikationssperren in weit über 90 % der Zeit in die laufende Unterhaltung eingebracht werden – genau dann, wenn einer der Gesprächspartner ein Problem hat.

Kommunikationssperren beeinflussen das Gespräch mehrheitlich negativ. Dies gilt insbesondere, wenn einer der beiden Partner unter Stress steht.

Vielfach ist es so, dass die Kommunikationssperren nicht in ihrer Reinform, sondern in Mischformen vorkommen. Eine Drohung kann beispielsweise sehr gut mit einer moralisierenden Bemerkung verbunden sein.

Ein Beispiel will Ihnen das Gesagte verdeutlichen.

Ihren Mitarbeiter, Herrn Mauler, kennen Sie ja schon und seine Beschwerde bezüglich Frau Langer auch noch: „Also, Frau Langer am Schreibcomputer macht mich mit ihrer Langsamkeit noch wahnsinnig."

Sie antworten darauf:

a) Sie machen immer den Fehler, Problemlösungen auf die Kapazitätsfrage zu verlagern. ☐

b) Genau daran habe ich auch gedacht. Ganz konkret habe ich mir überlegt, Frau Langer in die Buchhaltung ... ☐

c) Ihnen geht es wohl ganz offensichtlich darum, Ihren Einflussbereich auszuweiten. ☐

d) Genau! Erarbeiten Sie eine Vorlage, aber gut begründet, bis morgen! ☐

e) Kommen Sie mir nicht immer wieder damit! Wenn Sie einen Personalwechsel durchsetzen wollen, werden Sie möglicherweise straucheln. ☐

f) Wie oft habe ich Ihnen gesagt: Leistungen entstehen nicht durch Ressourcen, sondern durch Ideen und Einsatz. ☐

g) Wie kommen Sie darauf? Hat Herr Meier Sie wieder aufgestachelt? Wann kam die erste Beschwerde? Wie stellen Sie sich die Finanzierung einer neuen Kraft vor? ☐

h) Das erinnert mich stark an Herrn Oster von der Oster-GmbH; der hat solange Leute eingestellt, bis er pleite war. ☐

i) Schieben Sie nicht die Schuld auf Frau Langer, wenn Sie Probleme mit Ihrem Zeit-Management haben! ☐

Welche Antworten hätten Sie gewählt? Sie können sicher sein, dass Sie sich einer „Kommunikationssperre" bedient hätten. Denn ob Sie kritisieren, lächerlich machen, loben, interpretieren, befehlen, drohen, moralisieren, hinterfragen, Lösungen anbieten, ablenken, verharmlosen, zustimmen, Sie bauen eine Sperre auf. Eine Auflösung erhalten Sie schon jetzt:

Sie haben nicht genau zugehört.

Liste der häufigsten Kommunikationssperren

1 **„Kritisieren", „urteilen", „Vorwürfe machen", „widersprechen":** „Sie machen immer wieder den gleichen Fehler." – „Das hätten Sie sich doch denken können." – „Das war dumm von Ihnen!" – „Das, was Sie sagen, ist einfach falsch." – „Das ist typisch!" – „Du siehst das falsch!"

Diese Formulierungen bremsen den Redner ab und verhindern, dass er die möglichen Schwierigkeiten benennt. Erinnern Sie sich an die Aussage: „Derjenige ohne Fehler, werfe den ersten Stein", und „Wer im Glashaus sitzt, soll nicht mit Steinen werfen!"

2 **„Namen austeilen", „beschämen", „lächerlich machen":** „Blödmann!" – „Sie sind halt ein altes Gewohnheitstier!" – „Sie haben sie wohl nicht alle!" – „Wer hat das denn schon wieder gemacht?" – „Wer hat denn Sie eingestellt?".

Mit solchen Sätzen wird der Gesprächspartner beschämt und lächerlich gemacht. Wenn er innere Stärke nicht hat, wird er mit den genau gleichen Methoden kämpfen – ein Kampf der langfristig nur Verlierer zurück lässt.

3 **„Loben", „zustimmen", „Mir-auch-Egotrips":** „Genau!" – „Das Gleiche ist mir vor 2 Tagen/Wochen/Jahren passiert! Sie müssen jetzt einfach einmal ..." – „So geht es mir auch immer!" – „Das haben Sie gut gemacht." – „Sie haben recht!".

Diese Formulierungen bremsen einen Ratsuchenden ab, sich weiter mitzuteilen: Offensichtlich wird alles positiv gesehen, aber der Sperrende interessiert sich anscheinend mehr für sich selbst als für die Probleme des anderen – der Ratsuchende fühlt sich nicht ernst genommen.

4 **„Diagnostizieren", „analysieren" und „interpretieren":** „Das ist, weil Sie ...". – „Nur weil Sie die höhere Stellung haben, denken Sie ..." – „Was Sie wirklich sagen, ist ..."

Es werden zu schnelle und i. d. R. falsche Antworten auf Fragen gegeben, die noch gar nicht fertig durchdacht sind – denn sonst würde der Fragende sich ja gar nicht seines Problems wegen äußern.

5 **„Befehlen", „anweisen", „dirigieren":** „Denken Sie nicht lange nach, fangen Sie an." – „Fragen Sie nicht lange." – „Sie müssen ..." – „Du wirst sofort ..." – „Woher soll ich das wissen, kümmere Dich selber drum!" – „Ich will jetzt nicht lange diskutieren, machen Sie einfach 1. ..., 2. ... !" – „Alles schön und gut, aber Sie fangen jetzt sofort mit den Bestellungen an!" – „Ich will jetzt nicht lange diskutieren Herr Clemens, dazu habe ich keine Zeit. Sie werden als erstes Herrn Krieg anrufen!" – „Nicht lange herum machen jetzt. Dort liegt der Auftrag!"

Der Herrschende befiehlt und seine Ansicht ist die einzig gültige.

6 **„Drohen", „warnen", „versprechen":** „Wenn Sie nicht sofort davon aufhören, dann werde ich mich mit Ihrem Vorgesetzten in Verbindung setzen." – „Besser wäre es, wenn Sie meinen Empfehlungen von gestern wirklich Folge leisten würden. Ich weiß sonst nicht, ob ich für die Re-

aktion meiner Kollegen Garantie übernehmen kann." – „Wenn Sie nicht sofort diesen Auftrag erledigen, dann werde ich ein Memo schreiben und zur Kenntnis an alle höheren Stellen senden!" – „Wissen Sie, wir sitzen hier doch alle im gleichen Boot. Wenn Sie mir einen Gefallen tun, dann helfe ich Ihnen."

Drohungen und einschüchternde Formulierungen warnen den anderen vor Handlungen, die negative Konsequenzen für ihn selber provozieren.

7 **Moralisieren und predigen:** „Sie müssten eigentlich wissen, dass die Direktion ..." – „Siehst Du, jetzt hast Du den Salat. Du hättest damals doch das machen sollen, was Dir Dr. Hummel sagte."

Der anderen Person wird gesagt, was das Beste für sie zu tun oder denken ist.

8 **Ausfragen, hinterfragen und untersuchende Fragen:** „Warum haben Sie das so gemacht?" – „Wie sind Sie erst auf dieses Problem gestoßen?" – „Wieso kümmert Sie das?" – „Was haben Sie damit zu tun?" – „Wie war das?" – „Was?", „Wer?," „Wo?", „Wann?", „Wieso?", „Womit?", „Wodurch?", „Mit wem?" bedeutet, kurze Fragen zum Thema zu stellen.

Diese Aussagen beenden die Suche nach eigenen Lösungen. Der Angesprochene sucht zuerst den Fragen des Gesprächspartners gerecht zu werden und kommt dann natürlich von seinen eigenen, noch unscharfen Lösungsmöglichkeiten weg.

9 **Rat geben, Vorschläge machen, Ideen mitteilen, fertige Lösungen sagen:** „Sie müssen einfach Folgendes tun: ..." – „Ich an Deiner Stelle würde jetzt zuerst einmal ..." – „Das ist doch ganz einfach ..." – „Ich schlage Dir vor, dass Du ..." – „Das ist doch ganz einfach: Jetzt ..."

Diese Aussagen sagen der Person, was sie tun oder lassen soll. Das ist selten das, was sie wirklich will. Entsprechend groß ist dann der Widerstand gegen dieses Angebot.

10 **Ablenken, „nicht auf den anderen eingehen", „im Gedankenablauf stören", „lachen und/oder fröhlich antworten":** „Ihr Problem erinnert mich jetzt genau an etwas, was ich schon lange mit Ihnen diskutieren wollte." – „Ach wissen Sie, wir sollten jetzt lieber über mein schon lange fälliges Projekt sprechen."

Der Angesprochene wird mit seinem Problem nicht ernst genommen. Eine Kränkung oder Ärger wird geradezu provoziert.

11 **„Beruhigen", „verharmlosen":** „Das ist doch gar nicht so schlimm!" – „Ach, nehmen Sie das doch nicht so ernst. Sehen Sie sich Herrn Krieg an. Den hat es noch viel schlimmer getroffen!" – „Das hatten wir letztes Jahr schon. Das kommt schon in Ordnung." – „Du musst das positiv sehen, dann wird das schon wieder!"

Beruhigen und Verharmlosen ist eine positive Form der Ablenkung. Sie signalisiert dem Betroffenen, dass der Angesprochene sich nicht mit einem auseinandersetzen will.

12 **Logisch oder unlogisch argumentieren, lehren, dozieren:** „Sieht Du nicht, dass ..." – „Ist Ihnen klar, dass ..." – „Ich sage Dir jetzt, warum Du dieses Problem hast!"

Es als Zuhörender besser zu wissen, signalisiert nicht Sympathie und Verständnis. Vermeintliches Expertentum provoziert damit beim Betroffenen Widerstand: „Der will ja immer nur recht haben."

Diese Liste der Kommunikationssperren zeigt auch, dass diese nie vermieden werden können.
Jede Reaktion ist eine Stellungnahme.
Wichtig ist deshalb, sich dessen bewusst zu sein. Testen Sie sich, lassen Sie sich testen! Wenn Sie herausfinden, wie Sie am häufigsten in Gesprächen reagieren, wissen Sie auch, wo mögliche Konflikte und Schwierigkeiten stecken.

Vorgehen

Kreuzen Sie einfach die Sperren so an, wie Sie sich selber in Diskussionen erleben. Denken Sie sich eine typische Situation aus, aus der Sie immer wieder unzufrieden hervorgehen, mit

Ihrer/m Partnerin/Partner, mit Vorgesetzten oder mit bestimmten Mitarbeitern. Dann machen Sie die Gegenprobe und lassen sich von anderen beurteilen.

Checkliste: Wer seine Kommunikationssperren kennt, kann diese schrittweise abbauen.

		viel	etwas	wenig	nie
1	kritisieren	❑	❑	❑	❑
2	beschämen	❑	❑	❑	❑
3	loben	❑	❑	❑	❑
4	diagnostizieren	❑	❑	❑	❑
5	befehlen	❑	❑	❑	❑
6	drohen	❑	❑	❑	❑
7	moralisieren	❑	❑	❑	❑
8	ausfragen	❑	❑	❑	❑
9	Rat geben	❑	❑	❑	❑
10	ablenken	❑	❑	❑	❑
11	beruhigen	❑	❑	❑	❑
12	argumentieren	❑	❑	❑	❑

Wie Sie Ihr Verhalten bei Gesprächen verbessern können

Ein paar goldene Regeln

1 Begleiten Sie die Rede des Partners mit Blickkontakt und „mhm"´s!

Sie kennen das: Sie referieren in der Besprechung einen wichtigen Vorgang und jeder beugt sich über seine Spezialpapiere. Man lässt Sie buchstäblich, was Zuwendung angeht, verhungern. Und Sie fragen sich, ob eigentlich überhaupt noch jemand zuhört. Diese Tortur sollten Sie Ihrem Gesprächspartner nicht antun.
„Mhm" gehört zu den wichtigsten Gesprächsbegleitern. Probieren Sie es aus: Lassen Sie am Telefon den anderen Teilnehmer erzählen und bleiben dabei völlig stumm. Schon nach drei Sätzen fragt er, ob Sie noch in der Leitung sind. Er fühlt sich alleingelassen. Also signalisieren Sie auch durch Laute Ihre Aufmerksamkeit! Man nennt dies auch „Aufnehmendes Zuhören".

2 Halten Sie Ablenkungen fern!

Das beginnt mit der Suche nach dem geeigneten Raum und endet mit der Atmosphäre, in der das Gespräch stattfindet. Und dass Sie nicht nebenher der Sekretärin noch Anweisungen geben oder Ihren Aktenordner studieren, ist ohnehin selbstverständlich. Napoleon konnte angeblich drei Dinge nebenher tun. Zuhören konnte er nicht!

3 Warten Sie die vollständige Mitteilung ab, bevor Sie antworten!

Sie sollten Ihrem Gesprächspartner nicht ins Wort fallen. Das gebietet schon die Höflichkeit. Fallen Sie ihm ins Wort, so signalisieren Sie ihm damit, dass es auf seine weiteren Ausführungen nicht mehr ankommt. Sie haben schon die „Lösung" (siehe Kommunikationssperren). Übrigens: Man kann auch nicht gut zuhören, wenn man selbst spricht. Das Gespräch haben Sie sicher schon erlebt: Zwei reden aufeinander ein; keinen interessiert eigentlich, was der andere sagt. Aber ist das ein Gespräch? Also akzeptierend und bestätigend schweigen können!
Halten Sie durchaus auch einmal eine Pause aus! Der Partner muss nachdenken, sich sammeln dürfen.

4 Lassen Sie sich nicht durch Reizwörter ablenken!

„Wenn ich schon das Wort ‚innerbetriebliche Fortbildung' höre, ist bei mir der Ofen aus." Kennen Sie eine solche Äußerung? Oder: „Herr Kluge hat auch gesagt, dass ..." – „Hören Sie mir bloß mit Herrn Kluge auf!" Wenn Sie so reagieren sollten, dann haben Sie nicht zugehört, sondern nur darauf gewartet, Ihren Vorurteilen Zucker zu geben. Und Ihrem Partner signalisieren Sie, dass Sie nur darauf gewartet haben, das Gespräch zu einem raschen und keineswegs guten Ende zu bringen.

5 Überprüfen Sie, was Sie verstanden haben!

Wenn Sie Missverständnisse vermeiden, wenn Sie die richtige Ebene („ich"-, „du"-, „es"- ...) herausfinden wollen, dann bietet sich das „umschreibende Zuhören" an. Sie wiederholen nicht das Gesagte, sondern versuchen das, was Sie gehört haben, mit eigenen Worten zu paraphrasieren. Das hat wohlgemerkt mit Interpretieren oder Werten (vgl. Kommunikationssperren!) nichts zu tun. Eingeleitet wird diese Umschreibung mit Formeln wie: „Verstehe ich Sie richtig, dass ...?" – „Sie sind der Meinung, dass ..." – „Es sieht so aus, als wollten Sie ..." – „Was Sie sagen, fasse ich so auf ..."

6 Zeigen Sie Einfühlungsvermögen!

Die hohe Kunst des Zuhörens heißt „Aktives Zuhören". Ziel muss es sein, auf die Empfindungen, Gefühle des Partners einzugehen. Häufig klingen Gesprächsbeitäge sehr sachlich, sind aber auch von Gefühlen getragen. Versuchen Sie also, die Gefühlslage des anderen zu beschreiben. Beispiel: „Wir brauchen unbedingt eine andere Sekretärin." – „Sie sind wohl über das Arbeitstempo von Frau Langer verärgert." Sehr viel einfacher für Sie wird es allerdings, wenn Ihr Partner mit seinem Gefühl nicht hinter dem Berg hält. Solche „Ich-Botschaften" fördern die Verständigung: „Das Arbeitstempo von Frau Langer nervt mich."

7 Zuhören können hilft Probleme lösen!

Wenn Ihr Mitarbeiter mit einem Problem zu Ihnen kommt und Sie haben die Geduld und die Fähigkeit zuzuhören, dann lösen nicht Sie das Problem, sondern der Partner kommt auf die Lösung. Nicht Sie geben Ratschläge (Ratschläge sind auch Schläge!), sondern durch Ihr aufnehmendes und aktives Zuhören bringen Sie den anderen dazu weiterzudenken. Motivieren durch Zuhören!

„Türöffner" – oder wie Sie Kommunikationssperren vermeiden

Was ist das?

Türöffner sind Formulierungen, die es Ihnen erleichtern, verbalen Kontakt mit Gesprächspartnern in eher schwierigen Situationen aufzubauen und zu halten. Wie aus den Kommunikationssperren deutlich wird, wirken viele Formulierungen für die andere Person moralisierend, belehrend, zurechtweisend oder sonstwie negativ – ohne dass das Ihnen selber unbedingt wichtig ist.
Türöffner sind Formulierungen, die dem Gesprächspartner die Gesprächstüre zu Ihnen öffnen. Sie machen die Türe auf, insbesondere in Situationen, wo in denen Ihr Gesprächspartner ein Problem hat oder womöglich sogar ganz weit oben emotional auf der Palme sitzt. Mit dem Türöffner signalisieren Sie dem Problembesitzer, dass Sie parat zum Zuhören sind. Sie signalisieren, dass Sie selber ihm den Vortritt lassen, sich mitzuteilen.

Welchen Nutzen bringen Türöffner?

- Türöffner erleichtern dem vielleicht noch unsicheren Gesprächspartner überhaupt einmal den Mund aufzumachen. Er erhält die Möglichkeit, die ersten Schritte zu wagen, eigene Frustrationen oder Probleme mitzuteilen.
- Türöffner geben dem von einem Problem Betroffenen die Gelegenheit den Faden zu finden und dabei zu bleiben.
- Wenn Sie Türöffner verwenden, stellen Sie sicher, dass Sie nicht allzu schnell **Ratschläge** verteilen, bevor Ihr Ge-

sprächspartner überhaupt sein Problem für sich selber formuliert hat. Sie nehmen so Stress aus einer Diskussion, in der Sie gegeneinander mit immer höherer Energie senden und nicht zu vernünftigen Lösungsmöglichkeiten kommen, weil Sie durch mangelndes Zuhören und mangelnden Türöffner den Gesprächspartner immer wieder unterbrechen.

- Beim Zuhören sind eine ganze Reihe von Ausdrücken hilfreich. Die Wiederholung des Satzes: „Es klingt so, als ob ..." oder „Sie meinen es doch sicher so, dass ..." wirkt auf den Gesprächspartner schnell irritierend und erweckt den Eindruck eines mechanischen Ablaufes, anstatt einer echten und einfühlsamen Erwiderung. Türöffner unterstützen Ihren eigenen individuellen Sprachstil.

Vorgehen

- Türöffner setzen Sie in jeder Gesprächssituation ein, bei der Sie Ihrem Gesprächspartner die Gelegenheit geben wollen, sich mitzuteilen. Sie müssen sich dabei im Klaren sein, dass es dann hinterher auch Zeit braucht, ein solches Gespräch in Ruhe zu Ende zu führen.
- Vorschlag: Lernen Sie jetzt ganz einfach einige Formulierungen auswendig.
- Wenden Sie diese Formulierungen in einer Kundensituation an.
- Wenden Sie die Formulierungen an, wenn Sie in einer bilateralen Besprechung stecken und Sie schon geraume Zeit das Gefühl haben, irgendetwas nerve Ihren Gesprächspartner schon lange.

- Experimentieren Sie einfach einmal unterwegs mit unterschiedlichen Personen, von denen Sie das Gefühl haben, dass diese ein Problem mit sich herum schleppen.
- Um die Gefühle und Empfindungen eines anderen einigermaßen zu verstehen, müssen Sie sich in seinen/ihren persönlichen Bezugsrahmen hinein versetzen. Da es aber niemandem gelingt, die Dinge ganz aus dem Blickwinkel des anderen zu sehen, ist im besten Fall eine Annäherung an das Verstehen möglich. Deshalb müssen die Erwiderungen beim Zuhören tastend sein um definitive Aussagen dem Sender zu überlassen.

Türöffner helfen einer mit einem Problem behafteten Person einen Gesprächsstart zu finden

Wenn Sie das Gefühl haben, dass Ihre **Wahrnehmungen zutreffen** und der Sender für aktives Zuhören empfänglich ist, können Sie zum Beispiel folgende Ausdrücke verwenden:

Sie haben das Gefühl, dass ...
Von Ihrem Standpunkt aus ...
Es scheint Ihnen ...
Wie Sie es sehen ...
Aus Ihrer Perspektive ...
Sie denken, dass ...
Sie glauben, dass ...
Wenn ich Sie richtig verstehe ...
Sie sind ... (das Gefühl nennen, z. B. traurig, überglücklich)
Ich glaube zu verstehen, dass Sie ...
Mit anderen Worten ...
Sie meinen ...

Wenn es Ihnen nicht klar ist, was der Sender meint, oder wenn er für aktives Zuhören nicht bereit zu sein scheint, dann sind die folgenden Ausdrücke nützlich:

Könnte es sein, dass ...
Ich frage mich, ob ...
Ich weiß nicht, ob ich Ihnen folge ...
Gefällt Ihnen die Idee ...
Sagen Sie mir, ob ich mich irre, aber ...
Könnte es vorkommen, dass ...
Trifft es zu, dass ...
Von meinem Standpunkt aus ...
Ich glaube, Sie richtig verstanden zu haben ...
Es hört sich an, als ob Sie ... (dieses oder jenes Gefühl haben)
Es scheint, dass ...
Vielleicht fühlen Sie sich ...
Irgendwie habe ich das Gefühl, dass ...
Ich habe den Eindruck ...
Ist es so, wie ich Sie verstehe? Sie ...
Lassen Sie mich sehen, ob ich Ihnen folge. Sie ...
Habe ich Sie richtig verstanden, dass Sie ...

Stichwortverzeichnis

Ablenkungen 112
Absichtserklärung 22
Allgemeine Frage 72
Alternativfrage 71
Auswahlkriterien 33

Befriedigung 37
Begleiten 66
Besprechung
– Bündelung 19
– informative 26
– zur Problemlösung 27
– Vorbereitung 7 ff.
Besprechungspläne 41 ff.
Besprechungstyp 25
Blickkontakt 112
-verhalten 98
Brainstorming 73 ff.
– Auswertung 75
– Leistung 73
– Vorgehensweise 74

Drei-Minuten-Regel 14
Direkte Frage 72

Effizienzgewinn 58 f.
Einfühlungsvermögen 114
Entscheidung 7
Erneute Frage 72
Flugplan 10 ff.
– Erstellung 11
– Führung 12

Geschlossene Frage 71
Gestik 96
„Goldene Regeln" 112 ff.
Gruppengröße 37 ff.

Humor 70

Ich-Botschaften 63
Idealgröße 37

Kommission 29
Kommunikation 85 ff.
– nonverbale 94 f.
Kommunikationssperren 103 ff.
-ebenen 91 ff.
Konflikte 60 ff.
– offensiver Umgang 62
– Vermittlung 64
Kontaktpflege 29
Körperbewegung 99
-haltung 99
-sprache 101

Krisenmanagement 29
Kundengespräche 22
Kurzeinführung 49

Maßnahmenkatalog 50, 56
Materialsammlung 38 f.
Methodische Hilfsmittel 55
Mimik 94
Moderator 49 f.
– Aufgaben 49
Moderationsschritte 57
-test 76 f.
Mussziele 21

Natürliche Grenzen 14
Negatives Verhalten 71
Negativziele 21
Neueinstellungen 22

Offene Frage 71
Ort 20

Pausen 16
Prioritäten 40
Problemlösung 27
Produktivität 37
Protokoll 78 ff.
– Angaben 80
– Beispiele 83 ff.
– Form 81
– Inhalt 80
Protokollant 78
– Aufgaben 79
Proxemik 99
Reizwörter 113
Routineangelegenheiten 40

Schulung 29
Schwierige Teilnehmer 67 ff.
– ablehnender 67
– Alleswisser 68
– Ausfrager 67
– dickfelliger 68
– erhabener 68
– Fliegengewichtteilnehmer 69
– Konkurrenten 69
– redseliger 68
– schüchterner 68
– schwatzhafter 68
– stiller 68
– streitsüchtiger 67
Sechzig-zwanzig-zwanzig-Regel 15
Sprechzeiten 16
Standpunkt 72
Störungszeiten 13
Suggestivfrage 71

Tagesordnung 38
Teilnehmer 33

– Auswahlkriterien 33
– schwierige 67 ff.
Termin 39
Themenplan 17
Türöffner 115 ff.

Umgekehrte Frage 72

Ventilieren 65
Verantwortung
– abgeben 66
– übernehmen 65
Verbinden 65
Verhalten des Besprechungsleiters 51 ff.
Vermittlung 64
– Techniken 64
– Grundsätze 64
Vertragsverhandlungen 29
Verzögerte Frage 72
Vorbereitung 44
– elementare Punkte 45 ff.
Wartezeiten 58

Zeitabschnitte 19
-aufwand 17
-dauer 18
-druck 17
-gewinn 58 f.
-management 13 ff.
-planbuch 16
Zielformulierung 20 ff.
-setzung 25, 44
Zuhören 114
Zwischenergebnisse 57
Zyklische Zielvereinbarung 22

Für Ihre Notizen

Für Ihre Notizen

Für Ihre Notizen